KB093238

경성의 화가들, 근대를 거닐다

- 북촌편 -

경성의 화가들, 근대를 거닐다

∙∙ 북촌편

황정수 지음

푸른역사

책을 상재하며

한국 근대미술사는 저물어가는 조선의 명운을 밀어내고 새로이 밀려온 서구 문물의 유입과 같은 길을 걷는다. 조선에 들어온 유럽 화가들은 조선 문화계에 잔잔한 충격을 주었고, 메이지 유신을 통해 비약적 발전을 한 일본 문화가 들어오며 점차 조선 문화계를 물들이기 시작한다. 일본인 화가가 외교사절을 따라와 고종의 초상화를 그리기도 했고, 일본인 화가들이 조선에 들어와 거주하며 활동하기도 한다. 이러한 분위기가 오래 지속되면서 조선인들 중에 서구미술, 곧 일본을 통해 유입된 서양 미술에 관심을 갖는 이들이 생기게 되었다.

한국인 최초로 서구 미술을 배우기로 마음먹은 이는 고희동이다. 1909년 고희동은 서양화를 배우고자 일본으로 가는데, 이는 이미 안중식 문하에 드나들며 서화를 배웠던 것도 크게 작용했다. 이러한 동양 문화의 서양화 경향은 일본 문화가 서양문화와 혼성되는 과정과 유사한 양상을 보인다. 한일병탄 이후 더욱 많은 한국인들이 서양 문화를 배우러 일본으로 유학을 떠난다. 이들은 공부를 끝내고 돌아와 대부분 경성에 자리 잡고 활동한다. 당시 미술 활동을 할 수 있을 만한 저변이 형성된 곳은 경성밖에 없었다.

1922년 조선총독부에 의해 조선미술전람회가 창설되자 미술인들의 경성 집중은 더욱 심화된다. 미술가들은 대부분 북촌 지역과 서촌 지역을 중심으로 활동하는데 이에는 몇 가지 이유가 있다. 조선미술전람회를 주관하는 조선총독부가 경복궁 안에 있었고, 전람회를 주로 열었던 덕수궁미술관 또한 멀지 않은 곳에 있어 북촌과 서촌에 거주하는 것이 유리했다. 이 지역에 공립, 사립 중등학교가 많아 교사로 일하기 쉬웠던 것도 하나의 이유이다. 당시 미술 작품을 전시할 만한 화랑은 주로 백화점이나 신문사였는데, 대부분 종로나 명동 지역에 있어 드나들기 쉬웠던 점도 있었다.

당시 일본인들은 조선 후기 미술품 거래의 중심이었던 광통교 부근의 인사동 지역을 새로운 미술품 거래의 중심지로 조성한다. 이에 따라 북촌과 서촌은 미술가들이 활동할 수 있는 더욱 좋은 여건이 되었다. 또한 북촌은 조선시대 명문 집안의 후예들이 살아 경제적 여유가 있었고, 서촌 지역은 본래 경제적 여유가 있는 중인들이 많이 산 데다 일제강점 이후 궁궐이나 총독부와 관련 있는 신흥 부자들이 있어 미술인들을 후원할 만한 곳이었다. 이들은 미술계의 고객 또는 후원자 역할을 했다. 점차 더욱 많은 미술인들이 북촌과 서촌에 몰려들었고, 이들은 전설 같은 이야기를 만들어냈다.

필자는 이러한 미술인들의 이야기를 찾아 정리하고 싶었다. 마침 북촌 지역에 제법 오랫동안 거주하면서 많은 미술인들의 이야기를 접할 수 있었다. 산책하며 올라가던 길은 고희동이 살던 곳이고, 내려오는 길은 김은호가 살던 동네였다. 그 동네에는 김은호의 제자들이 모여 살아 백윤문, 김기창, 이석호 등 여러 제자들의 삶의 흔적이 남아 있었다. 탑골공원 주변도 오세창, 김용진, 이병직 등 많은 화가들이 살던 곳이었다. 지나치다 만난 교회는 근대 화가들이 다니던 곳이었고, 자주 식사를 하던 식당은 알고 보니 저명한 화가가 살던 곳이었다.

북촌 가까이에 있는 서촌의 인왕산 자락에서도 쉽게 많은 미술인들의 흔적을 찾을 수 있었다. 조선 후기에 부를 축적하고 서화에 능했던 중인들의 후예 중 서양 문물에 눈뜬 이들이 이곳에 자리 잡았고, 이들은 선진적인 모던보이로서 근대문화계에 중요한 역할을 했다. 당대 최고의 화가였던 이상범과 제자들의 흔적이 곳곳에 있었고, 구본웅이나 이쾌대 등 서양 미술 선구자들의 터전도 쉽게 확인할 수 있었다.

이러한 근대미술가들의 사연을 마냥 그대로 둘 수 없어 글로 쓰기 시작했다. 미리 자료 조사를 해 놓은 주제가 아닌 새로 준비해야 하는 것이 대부분이라 어려움이 많았다. 바로 주제를 정하고, 답사를 한 후, 자료 조사를 해서 글을 써야 했기에 늘 마음이 바빴다. 근거 자료가 별로 없는 장소들을 수소문해서 찾아다니다 보니 어려운 점도 많았다. 수차례의 도시 정비로 길이 달라져 있고, 주소도 명확치 않고, 그곳 사정을 아는 거주민들도 세상을 떠나거나 이주하여 도움을 받기도 쉽지 않았다. 그럼에도 지치지 않고 진행할 수 있었던 것은 당대를 살았던 예술가들의 삶이 고달팠지만 아름다웠던 덕분이다.

글이 쌓여 이렇게까지 책을 낼 수 있었던 데에는 많은 사람들의 도움이 있었다. 어려운 지면을 내준 오마이뉴스 이한기 본부장의 호의를 잊을 수 없다. 책을 멋지게 꾸며준 도서출판 푸른역사 사장님과 편집자, 또한 지역답사를 도와준 동네 분들, 자료를 빌려 준 친구들, 마지막 원고 정리를 도와 준 친구에게도 고마움을 표한다. 특별히 삶의 마지막 순간을 정리하느라 고생하시는 부모님과 늘 힘이 되는 딸의 정신적 후원도 잊을 수 없다.

2022년 2월
경운동 산수청음실에서

차
례

2
북촌
주변

북촌

근대 서화골동 매매
거리의 원조 인사동

조선 후기 예원藝苑을 이끌었던 추사秋史 김정희金正喜(1786~1856) 문하에
는 양반에서 중인, 평민에 이르는 다양한 계층의 제자들이 드나들었다. 이
들은 신분에 따라 각기 다른 일에 종사했다. 양반 제자들은 주로 관직에
있었고, 중인 제자들은 실용적인 직업에 종사했다. 중인 중에서도 화원畫
員인 제자들은 도화서圖畫署에서 궁중이나 양반가의 주문에 맞춰 그림 그
리는 일을 했다.

 김정희의 중인 제자 중 일부는 서화를 즐기는 일뿐 아니라 서화의 유통
에도 관계했다. 특히 우봉又峰 조희룡趙熙龍(1789~1866)이나 석경石經 이기
복李基福(1783~1863), 고람古藍 전기田琦(1825~1854) 등은 고서화 감식에
뛰어나 서화의 유통에 많이 관여했다. 소치小癡 허련許鍊(1808~1892)도 중
인 신분은 아니었지만 스승인 김정희의 글씨를 주문받아 거간 역할을 했
으며, 말년에는 스승의 글씨와 그림을 판각하여 매매하기도 했다.

18세기 후반에서 19세기에 걸친 상업의 발달로 한양은 거대한 상업도시로 변모해갔다. 한양의 한복판인 광통교廣通橋 일대에는 18세기 후반부터 그림을 사고파는 시장이 형성되어 많은 서화 판매점들이 생겼다. 그동안 왕실과 사대부들이 향유하던 상류층 미술문화가 확장되면서 민간에 새로운 미술시장이 만들어진 것이다. 전기나 허련 등이 개인적으로 서화 매매에 관여한 거간 같은 존재였다면, 서화 판매점들은 현대의 화랑과 같은 전문 서화 판매점이었다.

　광통교는 종로에서 청계천 초입에 놓여 있던 다리이다. 당시 광통교 주변에는 일상 생활용품을 파는 가게들이 많이 있었는데, 그중에 서화를 파는 가게가 있었다. 당시 어떤 작품을 팔았는지 정확히 알 수는 없으나 상업에 종사하여 거부가 된 중인 부자들이 이곳에서 미술품을 수집했다는

1953년경의 종로 광통교 일대

장승업, 〈영모도〉 8폭

것을 보면 꽤나 다양한 서화를 판매한 것으로 보인다. 중인 부자들의 비호를 받던 천재화가 오원吾園 장승업張承業(1843~1897)도 광통교 주변에서 그림을 그리고 다녔다는 것을 보면 광통교의 위세를 알 만하다.

서화 시장의
주요 품목

1800년대 중반 한양의 풍물을 보여주는 유명한 가사歌辭 중에 〈한양가漢陽歌〉가 있다. 〈한양가〉는 조선의 왕도인 한양의

작자 미상, 〈곽분양행락도〉
삼성미술관 리움 소장

연혁·풍속·문물·제도 및 왕실에서 능행陵幸하는 광경 등을 노래하고 있다. 그 노랫말 중에 당시 광통교 서화 가게에서 파는 작품들이 나열되고 있어 눈길을 끈다. 그런데 서화의 종류가 매우 다양한 것에 놀라지 않을 수 없다. 가사의 내용은 다음과 같다.

광통교 아래 가게에 가지각색 그림이 걸렸구나. 보기 좋은 병풍으로는 '백동자도', '요지연도'와 '곽분양행락도'가 있고, 강남 금릉의 '경직도'와 한가한 '소상팔경도'의 산수화도 기이하도다. 다락 벽에 붙이는 것으로는 '닭, 개, 사자, 호랑이(鷄犬獅虎)' 장지문에는 '뛰는 물고기와 하늘로 오르는 용(魚躍龍門)', '바다 풍경에 학과 복숭아(海鶴蟠桃)'와 '십장생'이며, 벽장문에는 '매란국죽梅蘭菊竹'이 있도다.

횡축을 보자면 《구운몽》의 성진이가 팔선녀 희롱하며 꽃을 던져 구슬을 만드는 모습도 있고, 주나라 강태공이 팔십 노옹으로 사립을 숙여 쓰고 곧

은 낚시를 물에 넣고 때 물고기 오기만 기다릴 때 착한 임금 주 문왕이 어진 사람 얻으려고 손수 와서 보는 장면도 있네. 한나라 '상산사호商山四皓'는 갈건야복을 입은 도인들 같은데, 네 늙은이 바둑 둘 때 세상과 백성이 편안하도다.

남양의 제갈공명은 잠에 겨워 초당에서 '형익도荊益圖' 걸어놓고 평생을 자족하니, 한나라 유비가 찾아와 삼고초려하는 그림으로 남았네. 진나라 도연명은 쌀 다섯 말을 마다하여 팽택령을 그만두고 '소나무를 만지며 서성이는(撫孤松而盤桓)' 그림으로 남아 있네. 당나라 이태백은 홍등가 술집에서 취하여 '천자가 불러도 배에 오르지 않을 것이네(天子呼來不上船)' 하는 모습으로 그렸으며, '문에 부칠 신장神將' 그림은 신장에 모자를 씌워 진채眞彩로 가득 메워 그렸으니 화려하기 헤아릴 수 없네.

위의 인용문에서도 알 수 있듯 당시 광통교 아래쪽 가게들에선 다양한 그림을 팔고 있었다. 가게에서 파는 그림은 유명한 화가들이 작업한 정통 서화가 아니라 작자 미상의 민간 화가들이 그린 민화 계열의 작품이었다. 당시까지만 해도 근대적 의미의 작가나 작가와 수요자를 중개하는 화상畫商 개념이 정립되지 않았던 시절이었다. 그래서 거래하는 작품의 대부분이 장식과 길상을 기원하는 기복화가 중심을 이루었다.

유명한 화가가 그린 작품은 여전히 궁중이나 권세 있는 양반들의 향유물이었다. 세월이 흐름에 따라 이러한 현상이 점차 약화되어 광통교에도 화원들의 작품이 걸리고, 또 이런 작품을 보고 공부한 민간 화가들의 역량이 발전하며 광통교에서 파는 서화 수준도 높아져 갔다.

도화서와
화원들의 역할

　　　　광통교에 서화 가게가 생기게 된 것은 그 근처
에 있던 도화서의 존재와도 밀접한 관계가 있다. 도화서는 조선시대에 그
림 그리는 일을 관장하기 위해 설치되었던 관청이다. 본래는 17세기 중
반까지 한성부 중부 견평방, 곧 지금의 종로구 견지동 조계사 앞에 있었
으나, 18세기 후반 남부 태평방 즉 지금의 을지로 자리로 옮겨 1894년 갑
오개혁으로 폐지될 때까지 계속 있었다. 이곳에 속해 있는 화가들을 '화
원'이라 했다.

경복궁 근정전 〈일월오봉도〉
국립고궁박물관 소장

《조선왕조실록》에 따르면 화원들은 왕이 감상하는 '감계화鑑戒畵', 왕실의 권위를 상징하는 '일월오봉도日月五峯圖', 왕의 초상화인 '어진御眞', 국가나 왕실의 행사 때 제작하는 각종 '기록화', '의궤儀軌'나 '반차도班次圖', 왕실의 주문에 의한 그림, 궁궐의 내부 공간을 장식한 그림 등을 그려야 했다. 주로 화려한 채색을 사용했으며, 오랜 기간의 수련이 필요한 치밀하고 섬세한 묘사가 요구되는 그림들을 그렸다.

이 밖에도 의학·건축·지리·천문 등 실용에 관련되는 서적과 삼강오륜의 실례를 담은 도설·삽화 등 다양한 그림을 그렸다. 심지어는 왕실용 도자기를 굽던 분원分院에 파견되어 각종 도자기 위에도 그림을 그렸다. 궁중에 수장되어 있는 중국의 그림을 모사하고, 같은 그림을 수없이 베끼는 일도 했다. 중국을 오가는 사절의 수행원으로 선발되어 중국에서 좋은 서화를 보고, 또 우리의 그림을 소개하기도 했다. 다른 한편 통신사를 따라 일본에 가서 활동한 화원들은 일본 회화에 영향을 주기도 했다.

양반 고객 많은 북촌과
도화서에 가까워

광통교는 한양 안을 흐르는 개천開川(지금의 청계천) 위에 축조된 다리 중 가장 큰 돌다리이다. 당시 한양은 조선의 수도로서 각종 물산이 모여드는 곳이었다. 그 중심이 운종가雲從街 곧 지금의 종로였다. 사실 운종가라는 이름도 "사람들이 구름같이 몰린다" 하여 붙여진 이름이다. 운종가는 지금의 광화문 우체국 동쪽에서부터 종로 3가까지였으나 점차 규모를 확장하면서 지금의 안국동까지 확대되었다.

광통교는 넓다는 의미로 '광교廣橋'라 부르기도 했고, 도성 내 여섯 번째 다리라고 하여 '육교六橋'라고도 불렸다. 광통교 위쪽으로는 무명을 파는 '백목전', 종이를 취급하는 '지전', 면화를 파는 '면자전', 잡화점인 '동상전', 모시나 베를 파는 '포전', 마구를 파는 '마상전'이 늘어서 있었다. 아래쪽에는 칠기를 파는 '칠목기전', 가발 등을 파는 '월외전' 등이 있었다. 이렇듯 번화한 시장통 사이에 자리 잡은 도화서는 혜민서惠民署, 장악원掌樂院 등과 함께 광통교의 번성을 주도했다. 광통교 북쪽으로는 시전 상인이 살았고, 남쪽으로는 화원이나 의원, 악공樂工 그리고 역관譯官 등 기술직 중인들이 모여 살았다.

도화서 화원들이 궁궐 외에 주문을 받곤 했던 양반 고객들은 대부분 '북촌北村'에 살았다. 당시 북촌은 벌열 양반과 왕의 인척들이 사는 조선

1980년대 인사동 모습
ⓒ 한국학중앙연구원·유남해

조 최고의 부촌이었다. 화원들의 후원자가 될 만한 사람들은 대부분 북촌에 있다 해도 과언이 아니었다. 화원 입장에서는 궁에서 멀지 않고, 부수입을 올릴 수 있는 서화 가게들이 있는 광통교 근처이고, 자신들의 후원자가 사는 북촌에서도 멀지 않은 지역이 가장 살기 좋은 곳이었다. 이 세 곳이 모두 연결되는 중심부가 지금의 인사동 지역이었다. 이러한 입지는 후에 인사동이 서화와 전적典籍, 고미술 거래의 중심지가 되는 데 중요한 요소로 작용했다.

인사동이 본격적으로 서화골동書畵骨董의 중심지가 된 때는 일제강점기이다. 인사동이라는 지명도 1914년 행정구역 통폐합에 따라 만들어졌다. 인사仁寺라는 지명은 '관인방'과 '대사동'의 이름에서 연유한다. 일본인 상인들은 인사동이 서화골동 유통의 최적지라는 것을 느끼고 이곳에 자리 잡기 시작했다. 광통교, 경복궁과 창덕궁, 북촌으로 연결되는 인사동은 이때 이후 본격적으로 한국 미술품 매매의 중심지가 되었다.

일제의 강점이 안정되자 더욱 많은 일본인 서화골동 상인들이 인사동에 자리 잡게 되었다. 또한 당시에 남산 바로 아래에 미술품 경매회사인 경성미술구락부京城美術俱樂部가 생겨나 그 근처인 인사동은 미술품을 움직이는 데 최혜의 적지가 되었다. 유명한 미술품 수장가인 간송 전형필全鎣弼(1906~1962) 같은 서화 애호가들은 인사동과 경성미술구락부를 오가며 수집품을 채워나갔다. 서화 가게가 자리 잡히자 작품을 단장하는 표구사도 따라 들어오게 되었다. 이때부터 한국에 '표구表具'라는 말이 처음 등장하여 미술과 관련된 고유명사가 되었다. 이렇게 인사동은 명실상부한 서화골동의 산실이 되었다.

근대 동양화단의
좌장 안중식

한국 근대미술을 언급할 때 그 중심에는 늘 심전心田 안중식安中植(1861∼ 1919)이라는 인물이 있다. 그는 조선 화단 최고의 인물이었던 오원 장승 업의 적통을 잇는 뛰어난 화원이었을 뿐 아니라, 새로운 미술운동의 중심 에 있던 동양화단의 좌장이었다. 실제 그의 솜씨는 단연 당대의 으뜸이었 으며 활동 부문 또한 다양했다.

안중식은 당시 주로 무반 벼슬을 했던 순흥順興 안씨이며 성균관 생원 을 지냈던 안홍구安鴻逑(1810∼?)의 5남 5녀 중 막내로 태어났다. 그는 서 울 종로구 청진동 258번지의 집에서 비교적 부유하게 살았다. 청진동은 조선시대에 관료들과 가까운 부호들이 살던 지역이었으며, 대한제국 시 대에는 부호들을 상대한 기생들이 많이 살던 곳으로도 알려졌다.

이 근처를 '피맛골'이라 한다. 서민들이 종로를 지나는 고관들의 말을 피해 다니던 길이라는 뜻의 '피마避馬'에서 유래했다. 피맛골 주위에는 선술집·국밥집·색주가 등 술집과 음식점이 번창했다. 이러한 분위기는 안중식이 예술적 감성을 갖는 데 중요한 자양분이 되었다.

　안중식이 그림을 그리기 시작한 것은 대략 열 살 때쯤이다. 먼 친척 중에 어진화사御眞畫師였던 해사海士 안건영安健榮(1841~1876)이 있었는데, 몇 년간 그의 집에 드나들며 그림을 배웠다. 안건영은 산수·인물뿐만 아니라 영모翎毛나 초충草蟲 등 여러 면에 걸쳐 뛰어난 기량을 발휘한 화가로, 섬세한 필치와 아름다운 채색 위주의 중국화풍을 선보였다.

　안건영에게서 기본을 닦은 안중식은 19세쯤 장승업을 만나며 화가로서의 본격적인 틀을 갖추게 된다. 장승업은 중국 명가 못지않은 솜씨를

안중식, 〈영광풍경도〉(1915)

삼성박물관 리움 소장

지녔지만 자유분방한 성격으로 따로 제자를 두지 않았다. 그러나 자신의 모습을 꼭 빼닮은 안중식에게만은 특별한 정을 주어, 자신의 솜씨를 빠뜨리지 않고 가르쳐 주었다. 안중식의 그림이 장승업과 쉽게 구분이 되지 않을 정도로 닮았다는 점, 장승업의 그림에 안중식이 화제畫題를 자주 단 점을 봤을 때 두 사람의 관계를 충분히 추정할 수 있다. 이러한 모습은 장승업과 유난히 가까워 그림과 화제를 나누어 작업했던 정학교丁學敎(1832~1914)와도 비슷하다.

중국과 일본을 다니며
견문을 넓히다

　　　　　　　장승업에게서 그림을 배우던 안중식이 화가로
서 두드러지게 활동하기 시작한 것은 1881년 20세 때이다. 이 해 이조참
의 김윤식金允植(1835~1922)은 영선사로 임명되었고 청나라 천진에 있는
기기제조처機器製造處에 파견되어 연구할 학도 25명을 선발하는 데에도
뽑힌다. 이때 소림小琳 조석진趙錫晉(1853~1920)도 함께 선발된다.

　천진에 파견된 안중식은 신무기 제조법과 조련법을 배우기 위한 제도사
製圖士로 조석진과 함께 남국화도창南局畵圖廠에 들어가 각종 기계의 구조와
제도 방법을 배운다. 이때 중국어와 영어도 함께 배운다. 그러나 1년 후
1882년 임오군란이 일어나며 국내 상황이 극도로 불안정해지자 청나라에

안중식(왼쪽)과 조석진
《서화협회회보》제1호(1921)

파견한 사람들을 조기 철수시킨다. 이때 안중식도 서울로 돌아오게 된다.

귀국 후 1884년에 개화당의 건의로 설치된 우정국郵政局에서 일하기 시작한다. 그는 개화파들과 가까이 지냈는데, 개화파들이 일으킨 갑신정변이 실패하자 일본으로 1년여 피신한 후 돌아온다. 돌아오고 나서는 결혼을 하고, 당시 광통교 근처에 살았던 장승업 주변에서 함께 그림을 그리며 소일한다.

그러다 1891년경 그동안 그려온 그림에 대해 무력감을 느끼고, 청나라로 다시 떠나 상해 등지를 여행하며 화가로서의 시야를 넓힌다. 당시 상해에는 빼어난 실력을 가진 상해화파 화가들이 많아 새로운 양식의 그림을 접하기에 좋았다. 그는 이곳에서 중국화풍의 본질을 깨닫고 자신의 것으로 만든다.

1894년 지평현감을 거쳐 안산군수에 임명되었으나 2년 만에 그만두고 1899년 세 번째로 청나라로 건너가 상해에 머물며 그림을 그린다. 그러다 다시 일본으로 건너가 교토, 오사카, 기후 등지에서 서화 활동을 하며 지낸다. 이때 이름을 '욱상昱相'에서 '중식中植'으로 바꾸고 본격적인 화가 활동을 시작한다. 그의 그림 속에 청나라 화풍과 일본화의 영향이 함께 있는 것은 이때의 경험이 깃들어 있기 때문이다.

서울에서의 화숙 경영과
서화미술회 활동

일본에서 귀국한 안중식은 서울 청진동 집에 개인 화실을 만들고 '경묵당耕墨堂'이라 이름 붙인다. 평생 서화가로 살겠다는 의지가 담겨 있는 당호이다. 이 공간은 본인의 작업을 하는 곳이기도 하고, 제자들을 가르치는 개인 화숙이기도 했다.

안중식은 1901년에 뛰어난 재능을 지닌 이도영李道榮(1884~1933)을 첫 제자로 받아들인다. 이도영은 안중식의 관심 속에 스승 못지않은 화가로 성장한다. 몇 년 후인 1905년경에는 궁내부 주사로 있던 고희동高羲東(1886~1965)이 그림을 배우러 온다. 고희동은 3년 정도 배우다 1909년 일본 도쿄미술학교 서양화과에 입학하기 위해 일본으로 떠난다.

1902년에는 두 번에 걸쳐 조석진과 함께 어진도사도감御眞圖寫都監의 주관 화사로 선발되어 고종의 어진과 황태자 시절의 순종 초상(예진睿眞)을 그린다. 이 어진을 완성한 공로로 안중식은 통진군수가 되고 조석진은 영춘군수로 발령을 받는다. 얼마 후 안중식은 양천군수가 되었으나 1907년에 관직을 그만둔다.

안중식이 근대 미술계에서 가장 많은 기여를 한 것은 역시 1911년에 설립된 우리나라 최초의 근대적 미술교육기관이라 할 만한 '서화미술회書畵美術會'를 이끈 미술교육자로서의 역할이다. 서화미술회는 서과書科와 화과畵科를 두었는데, 교수진은 7명이었다. 서과에는 강진희姜璡熙(1851~1919)·정대유丁大有(1852~1927)가 있었고, 화과에는 안중식·조석진·강필주姜弼周(1852~1932)·이도영·김응원金應元(1855~1921) 등이 있었다.

이 서화미술회 출신으로는 이용우李用雨(1902~1953)·오일영吳一英(1890~1960)·이한복李漢福(1897~1944)·김은호金殷鎬(1892~1979)·박승무朴勝武(1893~1980)·최우석崔禹錫(1899~1964)·노수현盧壽鉉(1899~1978)·이상범李象範(1897~1972) 등이 있다. 이들은 훗날 근대 한국화단의 중심에 선다.

1918년 6월에는 김규진金圭鎭(1868~1933)의 '서화연구회書畵研究會'와 힘을 합쳐 '서화협회書畵協會'를 창립하고 초대 회장을 지낸다. 창작 활동과 후진양성에 전념하던 안중식은 1919년 3·1운동이 일어나자 민족대표

1

33인 중 오세창吳世昌(1864~1953)·권동진權東鎭(1861~1947)과 친밀한 관계였다는 이유로 일본 경찰에 잡혀가 심한 고초를 당한다. 그로 인해 평소 앓던 병이 악화되어 11월 2일 세상을 떠난다.

계몽 활동과 애국 활동에
적극 참여

　　　　　　　　안중식은 솜씨 좋은 서화가였을 뿐 아니라 국민 계몽의 필요성을 느낀 개화사상가이기도 했다. 1906년에는 대표적인 애국계몽운동 단체인 대한자강회大韓自强會에 회원으로 가입했으며, 이듬해 《대한자강회월보》 제8호 첫 페이지에 을사늑약에 항의하다가 자결한 충신 민영환閔泳煥(1861~1905)을 기리는 〈민충정공혈죽도閔忠正公血竹圖〉를 그려 싣기도 했다. 또한 이듬해에는 어린이용 교과서 《유년필독幼年必讀》과 진보적이고 민족의식을 고취시키는 잡지 《청춘靑春》, 《아이들보이》에 삽화를 그리기도 했다. 1913년에 창간된 《아이들보이》에는 군복을 입고 백마를 탄 우리나라의 옛 무사를 그린 삽화가 표지화로 실리기도 했다. 이런 모습은 근대적인 면모를 보이기는 하나 전체적으로 보면 전통적 기법에서 크게 벗어나지 못한 한계도 있다.

　　1914년 10월 최남선崔南善(1890~1957)에 의해 창간된 《청춘》은 통권 15호까지 발간되었다. 안중식은 이 잡지의 1·3·4·13호에 전통적인 시조를 소재로 하여 삽화 5점을 그리고, 동물을 소재로 한 삽화 2점과 화조도 1점 등 여러 점의 삽화를 그렸다. 표지나 삽화는 주로 선묘를 중심으로 하여 그렸으며, 대개 본문의 내용을 부연 설명하는 것이었다.

안중식, 〈민영환 혈죽도〉(현채 편저, 《유년필독》, 1907)

국립중앙도서관 소장

모든 화목과 글씨에도
능한 서화가

안중식의 회화세계는 창의적이고 독창적이라기보다는 주로 전통적인 방식을 고수하는 보수적 성향을 띠었다. 그가 근대 문화를 많이 경험했던 것과는 다른 특이한 모습이다. 동시기 다른 이들과의 차이점이 있다면 안중식은 조선 후기에 발전한 남종문인화 전통을 따르면서도 채색위주의 청록산수도 많이 그렸다는 점 정도이다.

안중식은 산수·인물뿐만 아니라 화조·영모·기명절지 등 모든 화목에 두루 정통했으며, 한학과 시문에도 깊이를 갖춘 서화가였다. 빼어난 기교는 장승업에는 미치지 못하나 다른 화가들에 비해서는 월등히 뛰어난 모습을 보였다. 특히 청나라 화가들이 그릴 법한 공필工筆의 청록산수는 그의 장기 중의 하나였다.

안중식의 대표작 중에 도연명陶淵明(365~427)의 무릉도원을 소재로 한 청록산수 여러 점이 전한다. 이들 작품은 구성이나 시선도 뛰어나고 청록의 채색이나 필력의 자유로움도 타의 추종을 불허한다. 이러한 작품은 그가 중국 상해에서 그곳 화가들과 어울리며 습득한 것인데, 상해화파의 여느 화가 못지않은 실력을 보인다. 이러한 그림들은 당시 장승업을 제외한 다른 화가들은 거의 구사하지 못한 북종화풍의 산수화를 살려냈다는 면에서 의미가 있다.

그러나 지나치게 중국화풍이 강하고 화보畵譜에 입각한 면이 많아 개성이 적고 한국적이라 내세울 만한 것이 없다. 특히 지나치게 장식적이라 조선시대 남종화에서 강조한 '문자향서권기文字香書卷氣'가 덜 느껴져 비판의 대상이 되곤 한다. 안중식은 그림 못지않게 글씨도 상당한 수준이었

• 안중식, 〈도원문진도〉(1913) •• 안중식, 〈도원행주도〉(1915)

삼성미술관 리움 소장 │ 국립중앙박물관 소장

다. 여러 서체를 모두 잘 썼으나 예서가 유난히 눈길을 끈다. 다른 서체에서도 글씨의 크기나 획의 변화 등이 자유롭다. 서화에 모두 능했음을 보여주는 징표이다.

안중식의 대표적인
실경 산수

　　　　　화가로서 안중식의 약점은 관념 산수를 주로 그려 한국의 실경을 그린 그림이 적다는 것이다. 그런 중에서도 〈탑원도소회지도塔園屠蘇會之圖〉를 비롯한 몇 점의 실경산수화는 그가 단순히 중국 그림에 바탕을 둔 관념 산수에만 머물지만은 않았음을 보여준다.

안중식의 작품 중 전라남도 영광 고을의 풍경을 그린 〈영광풍경도靈光風景圖〉가 있다. 10폭이나 되는 대폭大幅 병풍으로 지역 유지의 주문에 맞추어 그린 작품이다. 당시 영광읍의 모습 전체를 조망하며 원근법과 투시법을 사용하여 그린 역작이다. 이 밖에도 금강산 명경대의 실경을 사실적이고 현실적인 시각으로 묘사한 〈명경대도明鏡臺圖〉 등이 있으나 그의 명성을 대변할 정도의 작품은 아니다.

안중식의 실경산수뿐만 아니라 그의 작품 전체를 대표할 수 있는 작품은 단연 〈백악춘효도白岳春曉圖〉이다. 〈백악춘효도〉라는 이름의 작품은 두 폭이 전한다. 한 폭은 1915년 여름에, 다른 한 폭은 가을에 그린 것이다.

광화문과 경복궁, 그리고 뒤편의 백악산의 실경을 충실히 묘사했다. 특히 북악산 기슭에 있는 바위벽이나 오른쪽 뒤편 기슭의 산성, 궁궐의 지붕과 처마, 광화문의 홍예虹霓 3개, 해태상, 주변의 건물 등을 실제와 거의 똑같게 묘사했다.

• 안중식, 〈백악춘효〉, 여름 작(1915) •• 안중식, 〈백악춘효〉, 가을 작(1915)

국립중앙박물관 소장

이상에서 보듯 안중식은 뛰어난 화가였을 뿐만 아니라 국민을 계몽하는 선각자로서 많은 활동을 했다. 잡지나 소설의 표지를 그리기도 하고, 신문의 삽화를 그리기도 했다. 또한 미술 단체를 만들어 후배들을 가르치는 미술 교육자로서의 역할도 대단했다. 그의 삶은 한국 근대화의 최전선을 보여준다는 면에서 중요한 의미를 지닌다.

다재다능하고 신비로운
서화가 지운영

지운영, 〈금강항마일심보검〉
국립중앙박물관 소장

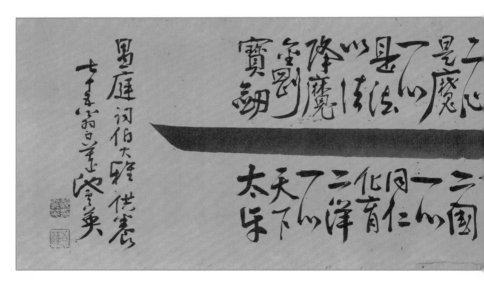

조선 후기부터 근대기에 걸쳐 활동했던 예술가 중 가장 신비롭고 재주 많은 인물이라면 단연 백련白蓮 지운영池雲英(1852~1935)을 꼽아야 하지 않나 싶다. 그는 유학·불교·도가에 모두 통달했다고 하며, 예술에서도 시詩·서書·화畵 모든 분야에 모자란 것이 없어 당대의 '삼절三絶'로 불리었다. 세상에는 그 아우 지석영池錫永(1855~1935)이 더 많이 알려져 있지만, 형 지운영도 그 못지않게 대단한 인물이었다.

그는 당시로서는 세상을 대하는 폭이 넓었다. 중인 집안에서 태어났으나 중국, 일본을 넘나들며 새로운 학문과 예술을 접하면서 자신만의 세계를 만들어 나갔다. 글씨로는 해서와 행서에 뛰어났고, 그림은 정교한 선묘와 맑은 색채를 사용한 산수와 중국의 인물이나 신화 속 인물을 그린 도석인물도道釋人物圖에 빼어난 솜씨를 보였다.

지운영은 도교적인 삶에 빠져 자연에 묻혀 지내거나 무술을 연마하는 등 방외인方外人 같은 삶을 보냈다. 간혹 산 속 바위에서 발견되는 그의

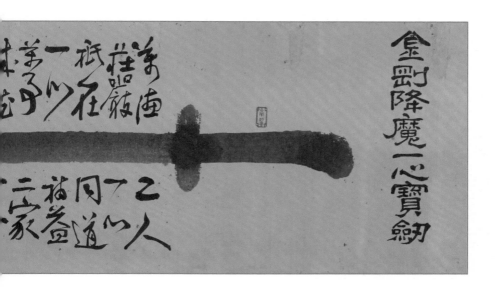

주술적인 전서篆書나 전해 오는 그에 대한 신비로운 이야기는 이러한 삶의 흔적이다. 또한 그가 자주 그렸던 옆으로 길게 누운 '일심보검一心寶劒' 또한 검술을 즐긴 자신의 삶이 투영된 것이다.

사진술과 도교·무술에도
능통했던 기인

　　　　　　　지운영은 서울에서 태어나 어린 시절 주로 북촌과 광교 언저리에서 살았다. 이때 광교 부근에 살던 고환당古歡堂 강위姜瑋(1820~1884)를 만나 많은 영향을 받는다. 당시 강위는 역관과 의관 등 기술직 중인들과 함께 시회 모임인 '육교시사六橋詩社'를 이끌고 있었다. 지운영은 1870년쯤부터 함께한다.

　강위는 추사 김정희의 제주도 유배 시절 제자로 입문했으나, 훗날 김정희의 북청 귀양이 끝난 후 문하에서 물러나 방랑 생활을 시작했다. 이때부터 강위는 시인으로서의 명성을 쌓는다. 강위의 시는 개성이 뚜렷하고 관습적 표현을 극단적으로 배격해 참신한 느낌이 가득했다. 그러나 얼마 지나지 않아 다시 현실에 관심을 갖기 시작한다. 1862년 삼남지방을 중심으로 시작된 민란을 보고 현실 문제를 해결해야 한다고 느껴, 서울로 올라와 광교에 자리를 잡고 '육교시사'를 조직한다. 이때 근처에 살던 지운영이 그의 명성을 듣고 합류하게 된 것이다.

　지운영이 훗날 방랑하며 시·서·화를 즐기면서 산 것도 스승 강위의 영향이 컸다. 강위의 지도로 현실참여 의식을 갖게 된 지운영은 1882년 수신사 박영효朴泳孝(1861~1939)의 수행원으로 일본에 갔다가 일본의 선진적이고 발전된 문화에 큰 충격을 받는다. 그는 이곳에서 사진술을 접하고 매력을 느껴 일본인 사진사에게 기술을 배운다.

이듬해인 1883년 지운영은 통리군국사무아문統理軍國事務衙門의 주사 직위에 임명되어 귀국한다. 그는 일본에서 배운 사진술을 바탕으로 이듬 해 1884년 종로통 마동麻洞에 사진관을 설립한다. 마침 민씨 일가와 친했 던 지운영은 고종의 어진을 찍는 행운을 맞는다. 고종을 찍은 최초의 한 국인이었다. 덕분에 사진관은 호황을 누렸다.

지운영
최인진, 《한국사진사》
(눈빛, 2000)

그러나 그것도 잠시, 김옥균金玉均(1851~1895)과 박영효 등 개화파들이 갑신정변을 일으켰다가 실패하자 화가 난 민중에 의해 사진관은 파괴되고 만다. 이때 일로 개화파들은 일본으로 망명한다. 고종은 그들을 처단할 계획을 세운다. 이때 지운영이 고종의 밀명을 받고 망명한 개화파들을 처단할 자객으로 선발된다. 박영효와 안면이 있었던 데다 그동안 수련한 무술 등이 선발의 이유가 된 듯하다.

1886년 '바다 건너가 적을 잡아 오는 관리'라는, 역사에 유례없는 '특차도해포적사特差渡海捕賊使'의 임무를 받고 일본으로 건너간 그는 도쿄와 요코하마 등을 오가던 김옥균과 박영효 등을 암살하려 했다. 그러나 일은 수포로 돌아가고 오히려 유혁로柳赫魯(1855~1940) 등 개화파들에게 잡혀 비밀문서, 비수 등을 압수당한다.

결국 본국에 압송된 지운영은 평안도 영변으로 유배되고 만다. 이 일로 지운영은 세상일에서 손을 떼고 서화에만 전념하게 된다. 그는 1889년 유배에서 풀려나온 후 새로운 삶을 산다. 먼저 호를 '설봉雪峰'에서 '백련白蓮', 이름을 '운영運永'에서 '운영雲英'으로 바꾸고 철저히 은둔 서화가의 삶을 시작한다.

자신의 처지를 빗댄
〈동파입극도〉 많이 그려

　　　　　　　　　　세상과의 인연을 끊었던 만큼 지운영에게는 한 몸 뉘일 곳도 만만치 않았다. 그래서 하는 수 없이 자신에게 그림을 배운

서화가 황철黃鐵(1864~1930)이 운영하던 사진관에서 한동안 머무르며 지낸다. 그러다 1892년 여행 경비가 마련되자 청나라의 소주蘇州와 항주杭州로 떠나 견문을 넓힌다.

그는 청에서 주로 서화가들과 교류하며 서화를 배운다. 한국과는 다른 활달한 필체의 글씨를 배우는 한편 한국의 남종화에서 벗어난 북종화풍의 화려한 산수화를 익힌다. 달마達磨 등 고사를 소재로 한 인물화에도 관심이 많아 상당한 연구를 했는데, 그중에서도 동파東坡 소식蘇軾(1037~1101)을 그린 〈동파선생입극도東坡先生笠屐圖〉를 보고 느낀 바 있어 수없이 임모臨摹한다.

또한 그곳에서 전문적으로 도교道敎도 익힌다. 이능화李能和(1869~1943)의 《조선도교사朝鮮道敎史》에 의하면 당시 고종의 명으로 강소성江蘇省 용호산에서 도교를 배웠다고 한다. 용호산은 중국 도교의 큰 줄기인 정일교正一敎의 진산이었다. 지운영은 도교에서 기리는 '장천사상張天師像'을 가지고 와 경기도 양평 용문산에 도관道觀을 세우고 상을 봉안하기도 했다.

지운영은 한국에 돌아와 화가로서 활동하며 〈동파입극도〉를 자주 그렸다. 아마 한국 미술사에서 〈동파입극도〉를 가장 많이 그린 화가일 것이다. 〈동파입극도〉는 소식, 곧 소동파가 혜주惠州로 유배 갔을 때 '삿갓 쓰고 나막신 신은 평복 차림의 처연한 모습'을 그린 그림이다. 지운영은 세상의 일에서 밀려나 주유천하하는 자신의 모습을 소동파에 빗대어 표현하지 않았을까 싶다.

서화가로서 활동하던 지운영은 세상에의 욕심을 완전히 버리지 못했는지, 1895년에 상소문을 올려 재기를 꿈꾸었지만 목적을 이루지 못한다. 이후 다시는 세상의 일에 간여하지 않고 시와 그림에만 몰두하며 지낸다. 특히 당시 서화계의 어른이었던 오세창과는 서로 사상도 맞고 사는

지운영, 〈달마대사상〉

곳도 멀지 않아서인지 유난히 가까이 지냈다.

오세창과의 인연으로 지운영은 서화계와 가까이 지낼 수 있었다. 1921년 서화협회 정회원으로 제1회 서화협회전에 출품했고, 1922년에는 제1회 조선미술전람회에 〈산인탁족도山人濯足圖〉를 출품하여 입선했다. 그러나 이듬해 전람회의 심사위원 차별에 문제를 제기하고 이후에는 불참했다. 이렇듯 그는 늘 비주류의 삶을 살았다.

황철·스나가 하지메와의 인연

지운영은 김용진金容鎭(1878~1968), 황철 같은 후배 서화가들에게 많은 영향을 끼쳤다. 평안도 지역의 화가인 반돈식潘敦植, 송기근宋己根, 여성화가인 김석범金錫範 등 여럿이 지운영에게 그림을 배우기도 했다. 아들 지성채池盛彩(1899~1980)도 아버지의 영향을 받아 거의 같은 그림을 그렸다. 이들은 대부분 지운영 특유의 습윤한 산수화를 본받아 그렸다.

지운영은 제자들 중에서 특히 황철과 가까웠는데, 나이 차이가 많지 않은 데다 배포가 맞아 친구처럼 지냈다. 이들 사이엔 그야말로 하늘이 내렸다 할 특별한 인연이 있다. 황철은 지운영에게 그림을 배우기 시작했는데, 그때 지운영은 황철의 본명 '준성濬性'을 '철鐵'로 바꾸어주고 자를 '야조冶祖'라 지어주었다. 황철이 일본에 망명했을 때에도 지운영이 자주 들러 함께했다. 황철과 지운영이 일본에 있을 때에는 주로 일본인 스나가 하지메須永元(1868~1942)의 집에 머물렀다. 스나가 하지메는 당시 서구 문명의 도입을 주장한 유명한 계몽사상가 후쿠자와 유키치福澤諭吉 (1835~1901)에게 많은 영향을 받은 개화된 인물이었다. 매우 부유했던 스나가 하지메는 한국인 유학생들과 교류하며 한국 문제에 깊은 관심을 가졌고, 일본에 망명해 있던 김옥균과 박영효를 비롯해 많은 한국인과 관계를 맺으며 그들의 활동을 지원했다.

스나가 하지메는 한국을 자주 드나들기도 했는데, 한국에 건너왔을 때에는 주로 박영효의 집에 머물렀다. 많은 한국의 명사들이 일본에 가면 스나가 하지메의 집에 머물며 교분을 나누고 도움을 받기도 했다. 김옥균, 박영효, 황철, 우범선禹範善(1857~1903)뿐만 아니라 오세창, 김응원, 이한복, 최린崔麟(1878~1958) 등도 스나가 하지메의 도움을 받은 인물들이었다.

황철은 죽을 때까지 스나가 하지메의 집에 머물렀다. 죽기 전에는 스나가 하지메 집안의 선영에 자신을 안치해 달라고 마지막 부탁을 했을 만큼 황철과 스나가 하지메의 우정은 남달랐다. 이러한 우정은 황철이 죽고 난 이후에까지도 이어진다. 그 모습을 보여주는 비장한 이야기가 전한다.

스나가 하지메는 황철이 망명하자 경제적인 뒷받침을 해주며 마음껏 그림을 그릴 수 있도록 했다. 그런데 마침 황철이 대작 산수화를 그리던 중 완성을 하지 못하고 세상을 떠난다. 이를 안타까워한 스나가 하지메는 서울을 방문할 때 미완성의 이 작품을 가지고 와 지운영을 찾아간다. 그리고 작품을 마무리해 주기를 부탁한다. 지운영은 흔쾌히 받아들여 황철이 죽은 지 두 돌 되는 날에 맞추어 작품을 완성하고, 1,248자에 이르는 장문의 화제를 써 넣는다.

황철이 그리기 시작했으나 지운영이 완성한 이 작품은 어느 부분을 누가 그렸는지 도저히 구분되지 않는다. 두 사람이 서로의 작품을 완전히

황철·지운영, 〈산수도〉
일본 사노시향토박물관 소장

이해해야만 가능한 일이다. 그만큼 두 사람은 가까웠다. 지운영이 쓴 화제 속에는 두 사람 사이의 관계가 눈물 날 정도로 절절하게 담겨 있다. 이는 그림뿐만 아니라 시문에도 능한 지운영이었기에 가능한 일이었다.

한국 미술사에서는 '지운영'이라는 서화가를 그리 큰 비중으로 다루지 않는다. 그저 옛 그림들을 임모하면서 기량을 길렀으며 산수 인물을 잘 그렸다는 정도로 표현하고 있다. 특히 중국풍이 짙은 그의 그림은 독창적인 화풍을 형성하지 못했다는 점에서 비판 대상이 되기도 한다.

그러나 그의 작품은 완성도 면에선 다른 전문 화가들 못지않았으며, 후배들에게 많은 영향을 끼쳤다는 면에서 주목해야 마땅하다. 단지 서화에만 충실했던 다른 서화가와 달리, 지운영은 시에 뛰어났으며 사진술과 도교·무술 등 다른 활동에도 뛰어난 신비로운 인물이었다. 이런 면에서 지운영은 새롭게 관심을 가져볼 만한 예술가이다.

근대 전각의 길을 개척한
전각 명인 오세창

위창葦滄 오세창吳世昌(1864~1953)은 다방면에 많은 재능을 가진 인물로 역사의 격변기에 변화의 중심부에 있던 시대의 어른이었다. 그는 조선 말기에서 일제강점기에 이르는 근대화 과정의 격동기에 개화사상을 공부한 지식인으로서 여러 부문에서 중요한 역할을 했다.

나라를 빼앗긴 후에는 조국을 되찾으려는 독립운동의 선봉에 섰고, 천도교의 영향력 있는 지도자로 활동했으며, 서예와 전각의 명인으로서 예술계의 좌장 역할을 하는 등 여러 방면에서 선구자 역할을 했다. 또한 한국의 서화사를 정리하는 데에도 많은 힘을 기울였다.

정인당, 〈오세창 초상화〉

그의 선각자적 업적이 없었다면 한국 미술사 연구는 크게 늦어졌을지도 모른다.

꼿꼿이 절개를 지킨
독립운동의 큰 별

오세창은 역관인 오경석吳慶錫(1831~1879)의 아들로, 8대를 이어 역관을 지낸 전형적인 중인 집안 출신이었다. 8세 때부터 부친을 따라 개화파 의원醫員이었던 유대치劉大致(1831~?)의 문하에서 공부했다. 16세 때 역과에 합격하여 사역원司譯院에서 관료생활을 시작했고,《한성순보漢城旬報》의 기자로도 활동했다.

1897년 일본 문부성 초청으로 도쿄 외국어학교의 조선어 교사로 일하다가 1년 뒤 귀국했으나, 1902년 유길준俞吉濬(1856~1914)의 쿠데타 설에 연루되어 일본으로 망명한다. 망명 기간 동안 서화와 전각에 전념했던 그는 운명적으로 손병희孫秉熙(1861~1922), 권동진 등을 만나 동학에 귀의한다.

1905년 을사늑약이 체결되자 1906년 귀국하여 손병희와 함께 천도교를 창건하고, 기관지인《만세보萬歲報》사장에 취임한다. 1907년에는 대한협회大韓協會를 결성하고 기관지《대한민보大韓民報》를 발간했다. 또한 계몽운동 단체인 기호흥학회畿湖興學會에 참여하는 등 문화 계몽운동에도 앞장섰다.

1919년 3·1만세운동이 일어날 때 손병희, 권동진 등과 함께 천도교의 대표로 참여하여 3년여의 옥고를 치른다. 이후 6·10만세운동과 신간회新幹會 활동에도 중요한 역할을 했다. 친일로 전향한 최린 등 대다수의 천도교 신파新派 지도층과 달리 오세창은 이후에도 천도교를 지키는 구파舊派의 대표

1

격으로 조국의 독립을 위해 힘썼다.

　암울한 35년을 견뎌낸 그는 82세의 고령으로 해방을 맞는다. 많은 이들이 반민특위에 회부되어 친일의 죄과를 물었으나, 그는 변절과 친일의 과거가 거의 없는 민족 지도자로서 존경을 받았다. 오히려 반민특위 재판정에 '민족정기民族正氣'라는 현판 글씨를 써서 거는 기개를 보인다. 1946년 8월 15일 해방 1주년 기념식이 열렸을 때에는 일본에 빼앗겼던 대한제국의 옥새玉璽를 민족대표로서 되돌려 받는 역할을 한다.

오세창의 사랑방을 그린
고희동의 〈연북향남〉

　　　　　　　　오세창이 살았던 집은 돈의동 45번지였다. 탑골공원 근처, 지금의 종로 3가 지하철역이 있는 곳이다. 오세창의 집에는

고희동, 〈연북향남〉(1924)

평소에도 친구들이 자주 모였다. 주로 시에 능한 문인이나 서화가들이 시회詩會를 즐기기 위한 경우가 많았다. 고희동, 박한영朴漢永(1870~1948), 이도영, 최남선, 심인섭沈寅燮(1875~1939), 윤희구尹喜求(1867~1926), 안종원安鍾元(1874~1951), 김돈희金敦熙(1871~1936) 등이 그의 집을 드나드는 친구들이었다. 간혹 조카 오일영이 함께하는 경우도 있었다.

1924년경에는 최남선, 박한영, 고희동과 자주 만났다. 그때의 모습을 그린 작품이 한 점 전한다. 제목을 〈연북향남硏北香南〉이라 했는데, 그림은 고희동이 그리고 오세창이 화제를 썼다. 서양화를 공부하여 인물화에 능했던 고희동이 인물들의 특징을 잘 그려, 대략 보아도 누구인지를 금방 알 수 있다.

왼쪽부터 고희동, 박한영, 최남선이 차례로 있고, 가장 우측에 오세창이 앉아 있다. 바닥에 종이와 필묵이 있는 것으로 보아 시회를 열고 있음이 분명하다. 우측에 놓인 매화 화분과 향로가 당대 서화가들의 방이 이러했음을 추측케 한다. '북쪽에 벼루가 있고, 남쪽에 향로가 있다'는 화제의 내용과 그림이 똑같다.

미술사가로서도
일가 이뤄

오세창은 김정희의 제자이기도 한 부친 오경석으로부터 이어받은 고서화 감식안으로 많은 명품을 수집했다. 오세창은 수집뿐만 아니라 한국 고미술의 정리에도 관심이 많아 삼국시대부터 근대에 이르는 한국서화가에 관한 기록을 체계적으로 정리하여《근역서화징槿域書畫徵》이라는 책을 저술했다.

　조선 초기부터 근대에 걸친 서화가·문인·학자들의 인장자료를 모아 《근역인수槿域印藪》를 집성하여 한국 전각사篆刻史의 체계를 잡기도 했다. 《근역인수》에는 자신의 것 225개를 포함하여 총 850명 3,912과顆의 인장이 실려 있다.

　선인先人의 간찰들을 모아 통사적으로 엮어 《근묵槿墨》을 만들고, 조선 시대 서화를 모아 편집하여 《근역서휘槿域書彙》와 《근역화휘槿域畫彙》를 제작하는 일도 수행했다. 이들은 한국 미술사를 증언하는 중요한 기초자료가 되었다.

《근역서화징》 광고지(1928), 계명구락부

만일 오세창의 연구와 그가 편집한 서화자료집이 없었더라면, 한국 미술사를 연구하는 데 어려움이 컸을 것이다. 또한 간송 전형필이 사재를 털어 고미술을 사들일 때에도 자문 역할을 하는 등 그의 감식안은 "조선 역사 이래 최고"라 불렸다.

전각가·서예가로서의
면모

예술가 오세창을 대표하는 모습은 역시 전각篆刻에서 찾을 수 있다. 그는 자기 자신을 조충雕蟲(새김벌레)이라 부를 정도로 전각을 사랑했던 당대 최고의 전각가였다. 같은 시대에 활동한 많은 서화가들이 오세창이 새긴 인장을 사용했다.

조선 초기에는 전각이 미술에서 중요한 부분을 차지하지 못했으나, 후대에 들어 강세황姜世晃(1713~1791), 김홍도金弘道(1745~?), 김정희 등 중국 미술에 정통한 뛰어난 미술인들이 나타나며 많은 발전을 했다. 특히 김정희의 문하에 있던 오창렬吳昌烈, 오규일吳圭一 부자는 매우 빼어난 전각가였으며, 정학교의 명성 또한 매우 높았다.

근대기에 활동한 오세창은 이들 조선시대 전각가의 기법을 잇는 한편, 일본에 머무르는 동안 일본 전각 기법을 자신의 것으로 만들어 전각의 폭을 넓혔다. 일본인 서화가들 중에도 오세창의 전각을 사용하는 이가 많았다.

오세창의 서예나 문인화도 전각 못지않게 뛰어났다. 전각의 기본이 전서, 예서인 까닭에 그 또한 전서와 예서를 즐겨 썼다. 특히 전서와 예서를 혼합한 독특한 글씨나 와당, 고전古篆, 갑골문 형태의 글씨는 독창성이 매

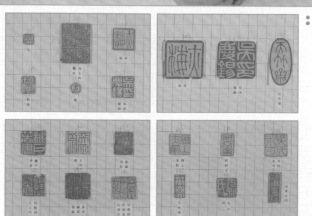

• 오세창의 전각 실인 •• 《근역인수》의 오세창 부분

〈위창 오세창〉(예술의전당 서울서예박물관, 2013)

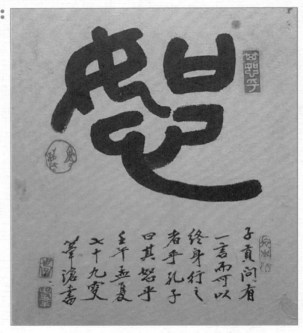

● 오세창, 〈묵죽도〉 ●● 오세창, 〈서恕〉

〈위창 오세창〉(예술의전당 서울서예박물관, 2013)

우 뛰어나 '위창체', '오세창체'라 불렸다. 또한 대나무나 난초 등을 소재로 한 수묵화도 자신만의 독특한 미술세계를 이루었다.

어느 날 한 친구가 손바닥보다 작은 오세창의 글씨 하나를 필자에게 선물했던 적이 있다. 1942년 초여름, 79세 때에 쓴 것으로 내용은 '용서할 서恕' 한 자를 위편에 크게 쓰고, 아래 부분에 이 글자에 얽힌 공자의 말을 주석처럼 달아 놓은 것이다. 소품이지만 내용도 내용이려니와 글씨 또한 빼어나 모자람이 없다.

본래 이 내용은《논어》에 나오는 구절이다. 제자 자공子貢이 "평생 동안 실천할 만한 한 마디 말로 어떤 것이 있습니까?"라고 물었다. 공자님께서는 "그것은 '서恕'이다"라 했다는 것이다. '서恕'자는 '같을 여如'자와 '마음 심心'자가 합쳐진 말이다. 사람들은 대개 상대편이 나와 같은 마음이 되어 주기를 원한다. 그러나 그런 마음으로는 용서가 되지 않는다. 용서는 내가 상대편의 마음과 같아져야 가능하다. 그러니 '서恕'는 곧 남을 배려하고 포용하는 '인忍'과 '인仁'의 실천인 셈이다. 오세창 정도 되는 인물이라야 이를 논할 만하리라.

오세창은 늘 조국의 안위를 걱정하며 조국과 한몸처럼 살았다. 그의 인생은 조국의 품안에서 크게 벗어난 적이 없었다. 독립운동가로서 충성스런 국민이었고, 예술가로서도 늘 미술계의 발전을 도모했다. 많은 이들이 변절하고 친일의 길을 걸었던 어려운 시대를 살면서도 지조를 잃지 않은 오세창의 일생은 현대에도 여전히 귀감이 된다.

근대 난초 그림을 정립한
서화가 김응원

근대 지식인들이 전통미술을 논할 때 가장 많이 언급하는 단어 중의 하나가 '문인화'이다. 그동안 문인화라는 용어에 대해 많은 논란이 있어왔지만, 대개 남종화나 사군자를 지칭하는 것이 일반적이다. 특히 표암豹菴 강세황 이후 많이 나타난 남종문인화풍의 그림과 사군자를 의미하는 경우가 많다.

보통 남종문인화는 당대唐代의 시인이자 화가인 왕유王維(699?~759)가 창시했다고 한다. 훗날 송대宋代의 저명한 시인인 소식이 왕유의 시와 그림을 두고 "시 속에 그림이 있고, 그림 속에 시가 있다(詩中有畵 畵中有詩)"라고 평하며 더욱 유명해졌다. 조선조 들어 지식인들 사이에 소식을 좋아하는 풍조가 강해지면서 그들은 더욱 지적 감성이 강한 문인화를 즐기게 되었다.

또한 조선 후기 사신으로 청나라에 드나들던 사람들을 통해 새로운 화풍이 조선에 유입된다. 대표적인 작가가 자하紫霞 신위申緯(1769~1847)나 추사 김정희이다. 이들은 서예와 사군자를 즐겼는데, 이들의 작품은 '문자향서

권기文字香書卷氣'라는 용어로 대표할 수 있다. 김정희의 서화, 특히 난초에 대한 애호가들의 선망은 대단했다.

김정희 이후의
난초 그림 풍조

　　　　　　　김정희의 명성이 세상에 널리 알려지자, 그의 글씨체와 화풍이 세상을 풍미했다. 많은 서화가들이 너나 할 것 없이 '추사체秋史體'를 썼으며, 먹을 옅게 사용하여 간결한 화풍으로 그린 산수화와 수묵화를 따라 그렸다. 이러한 풍조를 '완당바람'이라 부를 정도로 19세기 조선의 김정희 애호는 대단했다.

　김정희는 〈세한도歲寒圖〉에서 보는 것 같은 원나라 화풍의 소슬한 산수화를 그렸고, 사군자는 주로 난초에 힘을 쏟았다. 그의 난초는 청나라의 판교板橋 정섭鄭燮(1693~1765)이나 동심冬心 금농金農(1687~1764) 등 양주팔괴揚州八怪의 작품처럼 기세가 강하면서도 파격적인 화풍을 보였다. 조희룡이나 허련 등 그의 제자들뿐만 아니라 다른 많은 서화가들이 김정희의 그림을 본받았다.

　석파石坡 이하응李昰應(1820~1898)도 그중 한 명이었다. 이하응의 난초그림은 김정희의 난초 그리는 법에 기반을 두면서도 자신만의 개성적인 필치를 더해 일가를 이루었다. 그는 정치적 입지가 높아지고 그림 주문이 늘자 그를 따르는 문인들로 하여금 난을 대필代筆시켜 밀려드는 수요에 대응하기도 했다. 옥경玉磬 윤영기尹永基(1833~1927), 소봉小蓬 나수연羅壽淵(1861~1926), 소호 김응원 등이 대표적인 문인이었다. 이들은 이하응의

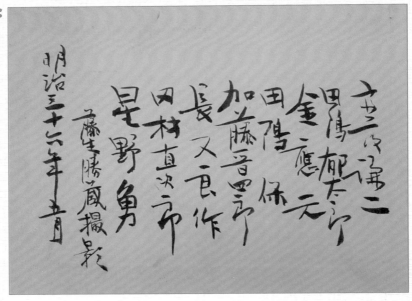

• 1903년 일본에서의 김응원(우측에서 세 번째)
•• 사진 뒷면의 글씨

난초 그림에 핍진한 난을 쳤는데, 그중 김응원은 점차 새로운 화법으로 자신의 난을 발전시켜 난초 그림의 거장이 되었다.

이하응 수하에서
난 그리는 법 터득

　　　　　김응원은 안중식이나 조석진 못지않은 당대 최고 서화가 중 한 명이었으나, 특이하게도 어린 시절에 대해서는 거의 알려진 바가 없다. 출신지뿐만 아니라 부모형제의 존재, 집안의 내력이나 성장 과정 등에 대해서도 기록이 남아 있지 않다. 기껏해야 《근역화휘》에 오세창이 정리해놓은 본관이 김해金海, 자가 석범錫範이라는 인적사항, 그리고 일부 원로 미술인들에 의한 단편적인 구전이 겨우 전할 뿐이다.

　증언에 따르면 김응원은 어릴 때부터 이하응의 수하에 들어가 일을 도우며, 이하응의 난 그리는 법을 스스로 터득했다고 한다. 운현궁의 청지기였다는 설도 있는 걸 보면 거의 하인이나 다름없었던 것 같다. 훗날 출세한 뒤에도 김응원은 자신의 어린 시절은 별로 언급하지 않았다. 주변 친구들의 증언도 전하지 않는다. 이런 점을 봤을 때 젊은 시절 그는 큰소리 칠 만한 처지는 아니었던 듯하다.

　김응원이 서화가로서 독자적으로 자리잡게 된 것은 1911년 설립된 경성서화미술원과 그 후신인 서화미술회에서 묵란법을 지도하면서부터이다. 이하응의 수종 노릇을 하던 그가 서화미술회의 선생 역할을 맡은 걸 보면 어느 시점에 미술계의 거물이 될 수 있는 계기가 있었던 것으로 보인다.

김응원, 〈난석도〉 10폭(1920년대)

국립고궁박물관 소장

근래에 조사된 바에 따르면 김응원은 1903년경부터 1910년에 이르는 시기에 일본에 몇 번 다녀올 기회를 갖는다. 무슨 연유로 일본에 갔는지는 정확치 않지만, 그는 일본에서 많은 일본 서화가들과 교류한다. 한국과는 다른 일본 화풍의 영향을 받기도 하고, 함께 모여 서화회를 열어 많은 합작도를 그리기도 한다. 현재 전하는 일본인과의 합작도를 보면 그가 잠깐 일본에 외유한 것은 아닌 듯하다. 미술학교 유학과 같은 형식은 아니나 서화 공부를 위해 일본에 간 것은 분명해 보인다. 그는 본래 김정희와 이하응의 난법을 따라 날카로우면서도 강한 필선을 특징으로 했다. 그러나 일본에 다녀오면서 그의 난은 잎이 길어지고 선도 한결 부드러워지는 등 예전보다 유려한 느낌이 들게 변모했다.

그의 새로운 화풍은 많은 이들이 좋아했는데, 특히 일본인들이 좋아했다. 초기의 잎이 매우 날카로우면서도 힘찬 동세, 활달한 필치의 그림은 좋긴 했으나 스승, 선배를 답습한 느낌이 있었다. 반면 새로 고안한 그만의 독자적인 청아하고 기품 있는 난초는 새로운 바람을 불러일으켰다. 그는 이러한 경험을 바탕으로 서화미술회에서 김은호, 이상범 등 여러 제자를 가르치며 명성을 높였다.

1918년에 서화협회가 창립될 때 김응원은 안중식·조석진 등과 함께 13인의 발기인으로 참여하기도 했다. 또한 오세창·안중식 등 당시 문화계를 대표하는 인사들과 가까이 어울렸으며, 당대의 유명 정치인들과도 좋은 관계를 유지하여 그들과 많은 합작품을 많이 남기기도 했다.

점차 큰 명성을 얻게 된 김응원의 묵란화는 그의 호를 따라 '소호란小湖蘭'이라 불렸다. 그의 작품은 세상에 많이 남아 있다. 그중에서도 1920년 황실의 요청으로 조석진이 석산石山을 그리고 김응원이 난을 친 〈난석도蘭石圖〉 10폭 병풍이 웅장하면서도 환상적인 구도를 가진 대표작으로 꼽힌다.

1

그는 난초 그림뿐만 아니라 글씨도 잘 썼는데 행서와 예서에 능했다. 그중에서도 예서는 결구에 회화적인 맛이 있어 서예가들뿐만 아니라 다른 많은 이들이 선호했다.

정무총감 야마가타 이사부로를 가르치다

어느 날 김응원은 평범한 삶에 새로운 변화를 불러일으킬 만한 결정적 순간을 맞는다. 1910년 경술국치 후 조선총독부의 초대 정무총감으로 온 야마가타 이사부로山縣伊三郎(1858~1927)를 만난 것이다. 그는 메이지 유신의 원훈이자 일본 정계의 막후 실세였던 야마가타 아리토모山縣有朋(1838~1922)의 양아들로 그림 그리기를 좋아했는데, 마침 김응원의 솜씨를 알게 되어 난초를 배우게 된 것이다. 이 일은 김응원이 일본인 관료들과 가까이 지내게 되는 결정적 계기가 된다.

야마가타 이사부로가 죽은 뒤인 1929년에 그의 작품을 모은 도록이 발간된다. 그 책 서문에 야마가타 이사부로가 친 난초의 연원에 대해 설명하는데, 김응원에게 난초를 배웠음을 분명히 밝히고 있다. 이렇듯 야마가타 이사부로는 김응원이 자신의 그림 스승임을 공공연히 드러냈으며, 정신적·물질적으로 많은 지원을 했다. 김응원은 야마가타 이사부로를 만난 이후 난초 그림의 한국 최고 명수로 소문이 났고, 일

야마가타 이사부로

본인들이 난초 그림을 구할 때에는 늘 김응원에게 부탁했다. 일제강점기 일본인들이 가장 많이 주문을 넣었던 한국인 서화가가 바로 김응원이었다. 현재 전하는 일제강점기 서화가들의 그림 중 압도적으로 김응원의 것이 많은 데서도 김응원의 난초 그림 인기가 얼마나 대단했는지를 확인할 수 있다.

야마가타 이사부로는 김응원을 통해 일본 관료들에게 사군자를 가르치려 했으나 1921년 김응원이 세상을 떠나 뜻을 이루지 못했다. 그러자 당시 식민지 조선에서 문인화를 그리던 일본인 화가 구보타 텐난久保田天南(1872~1940 무렵)에게 조선남화원朝鮮畵院을 만들게 하고 전폭적인 후원을 했다. 이 모임은 전문화가의 양성보다는 회원들의 마음 수양을 목적으로 한 것이었다. 주로 일본인들이 대부분이었는데 전국적으로 300여 명쯤 되었다. 총독부 아래에서 관료 생활을 하던 한국인 수십 명도 회원으로 활동했다.

조선남화원의 성공은 당시 식민지 조선의 제2인자인 정무총감 야마가타 이사부로의 후원이 있었기에 가능했다. 또한 조선남화원이 전국 규모가 되고, 전시회를 열고, 호화로운 도록을 낼 수 있었던 것도 모두 야마가타 이사부로가 있었기에 가능한 일이었다. 조선남화원이 만들어지게 된 계기를 떠올려보면 이 모든 것이 김응원의 영향이라고 할 수도 있을 것이다.

기생 화가
홍월 오귀숙도 제자

김응원은 한때 경성의 대정권번 등을 다니며

• 야마가타 이사부로, 〈석란도〉 •• 오귀숙 외, 〈묵란〉

기생들에게 그림을 가르치기도 했다. 그에게 난초 그림을 배운 기생들 중 여러 명이 화가로서 명성을 얻었다. 또한 이곳을 중심으로 만난 명사들과의 인연도 그의 삶을 다채롭게 하는 데 많은 도움이 되었다.

권번이나 명월관에서 가르친 제자 중 가장 유명해진 이는 홍월虹月 오귀숙吳貴淑(1900~?)이다. 기생조합인 대정권번에 '오산홍吳山紅'이라는 이름으로 기적妓籍을 둔 그는 연농研農·홍월虹月이라는 호를 썼다. 즉 오귀숙, 오산홍, 오홍월, 오연농은 모두 같은 사람이다. 그는 조선미술전람회에 묵란 그림으로 수차례 입선하여 '서화기書畵妓'로 대중적 인기를 얻었다. 하지만 오귀숙은 단순히 재주를 파는 기생에 머물지 않고, 후에 일본에 건너가 서화를 공부하기도 했다. 그가 서화로 유명하게 된 것은 전적으로 김응원에게 묵란을 배워 조선미술전람회에서 입선한 덕분이었다.

이후 오귀숙은 김응원뿐만 아니라 김규진에게도 배우지만, 김응원의 영향이 가장 컸다. 김응원이 세상을 떠나자 오귀숙은 서화가 김용진에게 배우러 다닌다. 이후 점점 그림의 기법이 변하여 김응원의 모습이 조금씩 사라져 갔다. 점차 김용진이 추종한 민영익閔泳翊(1860~1914)의 화법에 영향을 받게 된 것이다.

이렇듯 김응원은 김정희, 이하응에게서 난을 배웠으나, 단순히 그림을 습득하는 데 머물지 않고 세상에 널리 알리는 데 힘을 기울였다. 한국인 제자들을 가르치기도 하고, 일본인 고위 관리를 교육하기도 하고, 웃음을 파는 기생에게도 난초 치는 법을 가르쳤다. 김응원에게 난초 그림은 자신의 재주일 뿐 아니라, 세상과 소통할 수 있는 눈에 보이지 않는 널찍한 길이었다.

근대 서화계의
어른으로 불린 김용진

1980, 90년대에는 동양화를 좋아하는 사람들이 참 많았다. 그들은 각기 자신이 좋아하는 분야의 작품을 찾아 전시장이나 화랑을 다니며 취미 생활을 즐겼다. 산수화는 이상범·변관식卞寬植(1899~1976)·노수현, 채색화는 박생광朴生光(1904~1985)·천경자千鏡子(1924~2015), 화조화는 김은호·장우성張遇聖(1912~2005) 하는 식으로 동양화의 각 분야에는 대표 작가들이 있었다.

　이들 외에도 많은 화가들이 자신만의 독특한 솜씨를 뽐내며 각 분야에서 이름을 날리고 있었다. 그중에서도 유독 흥미로운 미술세계를 견지하며 특별한 위치를 차지하고 있던 인물이 영운穎雲 김용진金容鎭(1878~1968)이다. 그는 청대淸代의 유명 화가인 오창석吳昌碩(1844~1927)의 화풍을 본받아 사군자와 화훼를 주로 그렸다.

김용진은 화풍뿐만 아니라 인간적인 면에서도 특별한 존재였다. 그는 당대의 원로 화가들에 비해서도 높은 대접을 받았다. 나이가 많기도 했지만 존경받을 만한 인격적 풍모를 지녀서였다. 많은 애호가들이 다른 화가들을 흔히 아호雅號로만 일컫은 것과 달리, 김용진에게는 '어른 장丈'자를 붙여 '영운장穎雲丈'이라 높여 부르곤 했던 것은 이런 이유에서였다.

넉넉한 인품으로
큰 어른 대접 받아

김용진을 '영운장'이라 불렀던 것은 그가 인격적으로 훌륭한 이유도 있었지만, 그의 집안이 당대 최고의 명문이었던 까닭도 있다. 대개 화가로 입신한 이들의 집안이 미천한 경우가 많았는데, 그의 집안은 조선 중기 이래 권력의 중심부에 있던 저명한 사대부 가문이었기 때문이다.

김용진은 조선 후기 세도가로 이름 높았던 안동 김씨 집안의 후예로 영의정까지 지낸 김병국金炳國(1825~1905)의 손자였다. 김병국은 추사 김정희의 영향을 받아 추사체에도 능한 문필가였다. 또한 그의 아버지는 특진관을 지낸 김흥규金興圭였으며, 어머니 임천 조씨는 흥선대원군의 외손녀, 곧 고종의 조카 되는 이였다.

김용진은 조부의 주선으로 어려서부터 당대의 재사 지운영에게 한문을 배우는 등 서화가로 자랄 수 있는 환경에서 성장했다. 성인이 되어서는 민영익 등이 추종한 중국풍 그림의 영향을 받는다. 이후에도 김용진은 명문 양반 집안 출신이라 해서 구태의연하게 살지 않았다. 19세 때인 1896

년에는 양반으로서는 드물게 '한성영어학원'을 졸업했으며, 다른 신문화를 습득하는 데에도 많은 관심을 보였다.

1899년 관직에 진출하기 시작하여 수원군수, 동지돈녕원사 등을 역임한다. 그러나 을사늑약이 체결된 1905년부터는 관직을 그만두고 서화에 전념한다. 해방 이전에는 주로 서화협회를 중심으로 활동했으며, 조선미술전람회를 비롯해 다수의 전람회에 출품했다. 해방 후에는 대한민국미술전람회의 추천작가 겸 심사위원으로 활동했다. 1956년부터는 서가書家들을 모아 동방연서회東方研書會를 조직하고 회장으로 취임했다.

외국인 앞에서 그림 그리는 김용진(왼쪽)

여섯 살 어린 관재
이도영에게 그림 배워

　　　　　　김용진의 미술 수업은 중국 화풍과 밀접한 관련이 있다. 어려서 한문을 배운 스승 지운영도 중국에서 공부한 인물이었다. 지운영은 중국에서 사진술을 배워온 것으로 유명하지만 시·서·화에도 모두 능해 '삼절三絕'이라 불렸으며, 도가 사상에도 밝은 신비한 인물이었다. 김용진이 넉넉한 성품과 개방적인 사고를 가질 수 있었던 데는 분명 지운영의 영향이 있었을 것이다.

　그의 화풍이 본격적으로 정립된 것은 1920년부터 1년간 안중식의 제자인 관재 이도영에게 그림을 배우면서부터이다. 김용진은 이도영보다 여섯 살 연상이었다. 그럼에도 어린 이도영에게 그림을 배웠으니 김용진

의 포용력을 알 만하다. 이도영 또한 중국에서 공부한 안중식의 화풍을
이었던 사람이다.

그런 김용진의 서화가 완벽히 중국 화풍을 따르게 된 것은 1926년 한국
을 방문한 중국의 서화가 방명方洺(1881~1940)에게 그림을 배우면서이다.
방명은 오창석의 화풍을 이은 중국의 저명한 서화가였다. 김용진은 방명
을 통해 익힌 오창석 화풍을 새로이 재창조하여 자신의 것으로 만들었다.

그는 김정희처럼 꽤 많은 호를 썼는데, 대표적인 호인 영운潁雲·구룡산
인九龍山人 외에도 향석香石·한인恨人·예정藝庭·여금侶琴·오오悟吾·노서생
老書生·과정果亭 등을 썼다. 당호로도 석고연재石鼓研齋·창패실蒼佩室·미산
석장嵋山石莊·인향각주인紉香閣主人·천수매관千樹梅館 등을 사용하여 자신
의 문기文氣를 한껏 드러냈다.

김용진, 〈국화〉

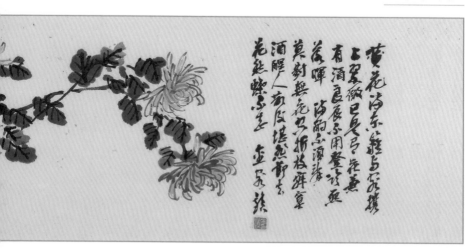

테니스·커피 즐기고
영어에도 능했던
멋쟁이

　　　　　　　　　김용진은 대대로 양반들이 많이 사는 북촌 근처 익선동에서 태어나 그곳에서 자랐다. 그가 살던 집은 익선동 종로세무서 바로 앞에 있던 큰 한옥이었다.

　김용진의 집을 자주 드나들었던 화가 장우성의 기억에 따르면 김용진은 주로 사랑채에 기거했는데 넓은 대청과 방안에는 문방제구文房諸具가 정연하게 갖춰져 있고, 고서화와 고서적이 가지런하게 정리되어 있어서 한눈에 격조 있는 사대부 집안임을 느낄 수 있었다고 한다.

　방으로 들어가면 은장식 담배함과 재떨이·장죽이 놓여 있었지만 늘 궐련을 피워 물었다. 권력을 지닌 노년들의 거드름 같은 것은 전혀 보이지 않았다. 화첩에 그림을 받으러 갔을 때도 "참 오랜만이오. 어서 앉으시오" 하고 경어를 써서 도리어 송구할 정도였다고 한다.

　또한 김용진은 인격과 학식을 겸비한 당대의 멋쟁이로 소문이 나 있었다. 항상 연옥색 두루마기에 중절모를 삐뚜름하게 쓰고 다녔으며 늘 겸손하고 친절했다. 사람들과의 관계도 좋아 사교의 폭이 넓었던 그는 특히 운동을 좋아해서 미국대사관 테니스 클럽의 회원이기도 했다.

　그의 습관 중 하나는 커피였다. 그가 화랑가에 나타나면 주인들은 늘 커피를 대접했다고 한다. 또한 당시 사람으로는 드물게 영어를 구사할 줄 알았다. 어느 해인가 미국 대사가 내로라하는 동양화가들을 만찬에 초청한 일이 있었다. 변관식·배렴 등과 함께 화가 10여 명이 초대되었는데 김용진이 영어로 미국인들과 대화를 이어나가 주변 사람들의 눈길을 끌었다고 한다.

　김용진의 취미는 수석과 고서화·골동품 수집, 분재와 정원 가꾸기였다. 그의 집에는 전래된 서화 전적과 자신이 수집한 오래된 물건들이 가득 차 있었다. 그 수집품들은 훗날 간송미술관이나 호암미술관 등으로 흩어졌다. 특히 유명한 것으로 지금 삼성미술관 리움에서 소장하고 있는 김홍도의 《병진년화첩丙辰年畵帖》을 들 수 있다.

격조 높은
그의 화조화

　　　　　　　김용진은 서화에 모두 능했다. 글씨는 안진경체를 바탕으로 격조 높은 해서와 행서를 주로 썼고, 한나라 예서에 바탕을 둔 품격 있는 예서를 쓰기도 했다. 특히 날카로운 획이 두드러진 해서의 튼튼한 구성은 다른 서예가들의 글씨에 조금도 뒤떨어지지 않는 멋을 보인다.

　서화가로서 김용진의 기량은 사군자와 채색 꽃 그림에서 독보적이다. 그의 '묵란'과 '묵죽'은 민영익의 화법을 따랐으며, '운미란芸楣蘭'을 국내 화단에 보급하는 데 크게 기여했다. 민영익에 비해 다소 기세가 부족하다는 느낌이 들긴 하지만, 듬직한 면에서는 오히려 민영익을 능가하는 면도 있다.

　묵화에서는 민영익의 영향이 짙게 느껴지는 반면, 단풍, 목련, 능소화 등 채색을 넣어 각종 꽃을 그릴 때는 오창석 등 청나라 화가들의 영향이 크게 엿보인다. 실제 그는 독자적으로 중국 화가들의 화풍을 공

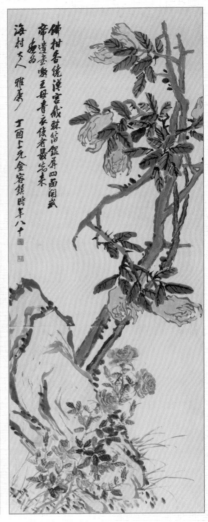

김용진의 꽃 그림 두 폭

부했을 뿐 아니라, 방명을 만나면서 알게 된 해상화파海上畫派의 화풍을
바탕으로 자신만의 독자적인 화풍을 완성한다. 그의 채색 꽃 그림들은 중
국 해상화파의 화풍과는 또 다른 한국적 화훼화의 일면을 보여준다.

그의 작품은 높은 품격을 바탕으로 인기를 얻어 많은 애호가들이 소장
하기를 즐겼다. 지금도 동양화 중에서 격조 있는 그림 하면 김용진의 그
림을 꼽는 사람들이 많다. 그러나 미술계가 서구화되면서 점차 그러한 인
기도 시들고 그도 잊혀가는 것만 같아 아쉬움이 남는다.

서양화의 시작을 알린
고희동

봄빛 완연한 날 창덕궁 왼쪽 담을 따라 원서동 길을 걷는다. 담 벽 위로 궁궐 건물의 지붕이 이어져 있고, 새잎 돋는 나무의 가지들이 보인다. 천천히 10여 분 정도 걸어 올라가면 길의 끄트머리쯤, 햇빛 잘 드는 곳에 보기 좋게 자리잡은 한옥 한 채가 있다. 빨간 벽돌로 단정하게 두른 담은 주변 환경과 잘 어울리고, 뜰에는 오래 묵은 은행나무 한 그루가 서 있어 이 집이 내력 있는 곳임을 느끼게 한다.

집안으로 들어서면 정원 바닥에 작은 자갈들이 깔려 있고, 한쪽으로 꽃나무들이 줄지어 서 있다. 집의 외양은 전통 한옥 형태이나 내부는 일본 가옥의 형식을 절충한 개량 한옥이다. 집 정면에 '춘곡春谷의 집'이라는 나무 현판이 걸려 있어, 이 집이 '춘곡'이 살던 곳임을 알게 한다. '춘곡'이 대체 누구인가? 바로 한국 최초의 서양화가인 춘곡春谷 고희동高羲東 (1886~1965)이다.

1

고희동 가옥

이 집은 고희동이 직접 설계하여 지었으며, 1918년부터 1958년까지 40년간 생활한 곳이다. 그의 나이 32세 때부터 72세 때까지 지냈으니, 가장 중요한 시기를 모두 이곳에서 보낸 셈이다. 그러니 이 집은 한국 서양화 도입의 초기를 증언하는 매우 중요한 유적이라 할 만하다.

한국인 최초의 서양화 유학생

열강에 의해 조선에 근대화의 물결이 밀어 닥치자 미술계에도 서구 미술사조가 알려지기 시작한다. 비록 외래의 손길을 따라 소개된 서양미술이지만, 드디어 한국에도 서양미술의 존재가 알려지게 된 역사적 순간이었다. 일찍이 청나라를 통해 서양미술의 존재를 조금씩 인지하긴 했지만, 한국에서의 실질적인 서양미술 활동은 이때쯤에서야 비로소 이루어진다.

서양화가들이 고종의 어진을 그린 것을 시작으로 일본인 화가들이 들어와 한국 화단을 장악하자 점차 한국인 중에서도 서양화에 관심을 갖는 사람이 등장한다. 이런 세태 속에서 처음으로 서양화가가 되고자 노력한 사람이 바로 고희동이다. 서양미술에 대한 그의 관심은 역관 집안 출신의 중인이었기 때문으로 보인다. 당시 역관들은 외국과의 외교와 통상에 직접 관계하여 새로운 문물에 적응이 빨랐다.

고희동은 14세 때 한성법어학교漢城法語學校에 들어가 프랑스어를 배운다. 그의 집안은 본래 중국어나 일본어를 전문으로 했으나, 고희동은 새로운 시대에 맞춰 프랑스어를 배운 것이다. 졸업 후 1904년 궁내부에 주

1

사로 취직하여 프랑스어 통역과 문서 번역에 종사한다. 그러나 이러한 생활은 오래 지속되지 못한다. 고희동은 1905년 을사늑약이 맺어지자 관직을 버리고 미술을 배우기로 마음먹는다.

당시 한국에는 미술을 배울 수 있는 기관이 따로 없었다. 그는 부친 고영철高永喆(1853~?)과 가까운 안중식과 조석진의 집에 드나들며 한국의 전통적인 그림을 배웠다. 어려서부터 그림에 재주가 있던 고희동은 습득이 매우 빨랐다. 그러나 이미 서구 문화를 접하여 개화된 고희동의 눈에는 중국의 화보나 베끼는 동양화 공부가 성에 차지 않았다. 그는 궁내부에서 통역하며 봤던 서양화를 기억하고 이를 배우기 위해 유학하기로 결심한다.

마침 한국을 장악하고 있던 통감부에서는 장래의 식민지 경영을 위해 한국의 젊은이들에게 일본 유학을 권장했다. 특히 정치나 경제 등에 비해 감성적 성향이 강한 미술과 음악 등 예술 쪽에 집중되었다. 독립 의지를

도쿄미술학교 졸업사진(마지막줄 오른쪽에서 세 번째 수염 기른 사람)
ⓒ 고희동 유족

줄이려는 의도가 깔려 있는 권유였다. 그래서 만든 제도가 '선과選科'였다. 선과는 외국인에게만 적용되는 것으로, 정규 시험을 면제시켜 입학시키는 제도였다. 선과로 유학을 가는 학생은 통감부(뒤에는 조선총독부)에서 등록금을 지원해 주었다. 고희동은 1909년 일본 최고의 미술학교인 도쿄미술학교 양화과에 선과 자격으로 입학한다. 한국인으로는 최초의 일이었다.

귀국 후엔
동양화에 치중

고희동은 5년간의 서양화 수업을 마치고 1915년 귀국한다. 그는 일본에서 배운 공부를 바탕으로 새로운 미술운동을 전

개하겠다고 결심한다. 그러나 당시의 현실은 만만치 않았다. 아직 한국의 현실은 서양화를 받아들일 수 있는 여건이 성숙해 있지 않았던 것이다. 그 속에서 고희동은 자신의 앞날에 대해 많은 고민을 한다. 선구자들이 겪는 외로움 같은 것이었다. 실제 그는 훗날 당시 서양화가로서 겪었던 어려움에 대해 여러 번 토로한다.

고희동이 그림을 그리려고 화구 박스를 메고 들로 나가면, 사람들은 화구 박스를 엿판으로 알고 엿장수가 왔다고 따라다녔다고 한다. 나중에 엿장수가 아니라 화가라는 사실을 알게 되면 왜 이런 점잖지 못한 것을 배워왔냐고 묻기도 했다. 튜브에서 짜는 유화 물감이 마치 고약이나 닭똥 같다는 말도 했다. 늘상 이런 일을 겪는데다 그와 어울릴 만한 서양화 전공자들이 늘어나지 않자 결국 고희동은 서양화 작업에 회의를 느끼고 다시 동양화를 그리기 시작한다.

고희동, 〈산수〉

ⓒ 고은솔

고희동은 동양화를 그리며 미술계 활동을 활발히 한다. 그는 1918년 당시 서화계의 대가들과 중진들을 종용하여 한국 최초의 서화가 모임이자 근대적 의미의 미술단체인 서화협회를 결성한다. 스승인 안중식을 회장으로 앉혔지만 실질적인 운영은 일본 유학으로 선진적인 미술 조직의 운영을 배운 고희동이 주로 맡아 했다. 1921년에는 중앙고등보통학교 강당에서 제1회 서화협회전을 열었다. 대중을 상대로 한 최초의 근대적인 미술전시회였다. 한국 최초의 미술 잡지인 《서화협회회보書畵協會會報》를 창간하기도 했다.

고희동은 1922년 조선총독부에 의해 문화정치의 일환으로 조선미술전람회가 창설되자, 제1회 전람회에 〈정원에서〉라는 제목의 유화 작품을 출품한다. 그러나 3회전부터는 조선미술전람회를 거부하고 줄곧 서화협회만을 이끈다. 1939년 일제의 탄압으로 서화협회가 해산되기까지 고희동은 안중식, 이도영의 뒤를 이어 회장을 맡으며 민족진영 미술가들의 단합에 온 힘을 기울였다.

광복이 되자 그는 조선미술건설본부의 위원장으로 활동했으며, 우익 미술가들의 집결체인 조선미술협회가 창립되었을 때에는 회장을 맡기도 했다. 또한 대한민국미술전람회에서 오랫동안 심사위원장을 지내는 등 미술계의 지도자로서 활동했다. 고희동은 정치에 관여하기도 했는데, 4·19혁명 이후에 민주당이 집권하자 민주당의 참의원 의원으로 정치권에 발을 들여놓았다. 그는 정치를 하며 미술인들의 권익에 앞장서고자 했으나 5·16군사쿠데타로 뜻을 이루지 못하고 말았다.

서양화 작품으로
세 점만 전해

　　고희동은 도쿄미술학교에서 구로다 세이키黑田
淸輝(1866~1924), 오카다 사부로스케岡田三郎助(1869-1939), 후지시마 다케
지藤島武二(1867~1943) 등 당대 일본 최고의 화가들에게 미술교육을 받았
다. 이들은 모두 유럽에 유학하여 자연주의와 인상파 기법을 배운 이들이
었다. 고희동은 특히 구로다 세이키의 영향을 많이 받아 객관적 대상을
부드럽고 섬세한 기법으로 표현하는 그림을 그렸다.

　현재 전하는 고희동의 유화 작품은 세 점뿐이다. 모두 자신의 얼굴을
그린 자화상으로 도쿄미술학교 선생들의 영향을 많이 받은 작품들이다.
한 점은 도쿄미술학교 졸업 작품으로 그린 〈정자관을 쓴 자화상〉이며, 다
른 두 점은 미술대학을 졸업하고 귀국하여 그린 〈두루마기를 입은 자화
상〉과 〈부채를 든 자화상〉이다. 당시 도쿄미술학교는 졸업자격 시험으로
자화상을 제출하게 했는데, 고희동은 〈정자관을 쓴 자화상〉을 그려 제출
했다. 이 작품은 현재 모교 미술관에 보관되어 있다. 나머지 두 점은 국립
현대미술관에 소장되어 있다.

　고희동의 자화상 세 점은 모두 공통적인 특징을 보인다. 그림의 형식
은 사용 매체나 제작 기법 모두 서양화 제작 방식을 취하고 있지만, 그림
속의 주인공은 여전히 한국적인 모습을 유지하고 있는 것이다. 〈정자관
을 쓴 자화상〉 속의 자신은 푸른 두루마기에 정자관을 쓰고 있고, 〈두루
마기를 입은 자화상〉에서도 푸른 두루마기를 입고 있다. 제작된 시기가
비슷한 것으로 보인다. 이에 비해 〈부채를 든 자화상〉 속의 인물은 조금
나이 든 모습을 그린 것으로 모시 적삼에 삼베 바지를 입고 있다. 그림

• 고희동, 〈정자관을 쓴 자화상〉
•• 고희동, 〈두루마기를 입은 자화상〉과 〈부채를 든 자화상〉

도쿄예술대학미술관 소장 | 국립현대미술관 소장

속 고희동의 이러한 모습은 개화되어 서구 문화를 받아들이고는 있으나 한편으로는 전통을 버리지 못하는 선구자들의 문화 지체 현상을 보여주는 듯하다.

서양화법 가미한 새로운 산수화 선보여

　　　　　　　　　서양화를 많이 남기지 못한 고희동은 동양화를 다시 그리기 시작한 후 많은 동양화 작품을 그린다. 현재 남아 있는 고희동의 동양화는 적지 않다. 그가 가장 많이 남긴 화목畵目은 산수화다. 그의 산수화는 기본적으로 안중식과 조석진에게 배운 것이 바탕이 되었으나 스승들의 그림과는 매우 다른 모습을 보인다.

고희동은 스승들로부터 배운 조선시대의 남종화에 도쿄미술학교에서 배운 서양화법을 더해 새로운 형식의 산수화를 그린다. 사진 기법이나 원근법과 같은 서양화법이 구사된 그의 그림은 진한 채색 등 색채 감각에서도 서구식 수채화의 표현과 유사한 독특한 모습을 보인다. 실제 그의 그림에 자주 쓰이는 진한 푸른 색조는 전통 산수화에서는 잘 쓰지 않는 채색 방법으로, 당시 다른 작가들의 작품과는 매우 다르다.

그는 산수화 중에서도 특히 금강산 그림을 많이 그렸다. 해방 전부터 금강산을 좋아하여 여러 번 여행하며 데생을 많이 했다고 한다. 특히 만물상을 중심으로 기이한 봉우리를 주로 그렸는데, 소품 중에 뛰어난 솜씨를 보이는 것이 눈에 띈다. 이 밖에 도석인물화道釋人物畵에도 능했으며, 괴석怪石 그림에도 발군의 수준을 보였다.

• 고희동, 〈부산 영도해안〉 •• 고희동, 〈금강산 삼선암〉

ⓒ 고희동 가옥

일부 학자들 중에 그의 그림이 "양식적으로는 독자성을 이루지 못하여 독립된 화가로서 이렇다 할 작품을 남기지 못했다"고 평하는 이들도 있다. 하지만 이는 한동안 그의 작품이 발굴되지 않아 부족한 자료 속에서 내린 평가일 뿐이다. 새로 발굴된 그의 작품들을 근거로 평가하면 정반대의 견해도 가능하다.

화가로서의 재평가 필요

고희동은 그동안 우리나라 최초의 서양화가라는 역사적 의미와 새로운 조형 방법을 후진에게 가르친 미술 교육자로서 높이 평가받았다. 화단을 형성하고 이끌어나간 미술 행정가의 성격이 강해 일부 부정적인 평가를 받기도 했다. '최초'였음에도 결국 서양화를 포기하고 동양화로 돌아온 화가로서의 정체성 문제는 더욱 그에 대한 평가를 박하게 만들었다. 이런 치우친 평가가 과연 정당한지 의문이다.

실제 전하는 그의 작품들은 당대에 활동한 대표적인 화가들 못지않은 개성과 미덕을 가지고 있다. 원근이 살아 있는 생동감 넘치는 산수화나 뛰어난 색채감을 보이는 개성적인 화면은 다른 화가들에게서 보기 어려운 새로운 면이다. 이는 현대에 와서 더욱 좋은 평가를 받고 있다. 그런 점에서 화가로서의 고희동에 대해 더욱 정치한 연구가 필요하다.

조선조 마지막 내시 출신 서화가 이병직

보통 조선시대 내시內侍라 하면 왕의 곁에 선 환관宦官으로 큰 키와 구부정한 허리, 수염 없는 하얀 민얼굴, 가늘고 가냘픈 체격에 중성적인 비음의 목소리를 떠올리게 된다. 그러나 이는 내시가 남성의 기능을 상실한 존재라는 선입견으로 인해 생긴 외형적 모습일 뿐이다. 실제 내시의 본질은 훨씬 더 복합적이다.

조선시대 내시는 주로 왕명의 전달에서부터 궁궐의 음식물 감독, 궐문 개폐, 궁궐 청소 등의 일을 맡았다. 그렇다고 내시들의 교양 수준이 떨어지는 것은 아니었다. 그들은 국왕의 측근으로서 자질 향상을 위해 유교의 기본 덕목에 해당하는 사서와 《소학》, 《삼강행실》 등을 늘 배우고 매달 시험을 치르며 교양을 쌓았다.

그런 까닭에 내시들 중에는 궁궐의 삶을 바탕으로 경제적 부를 축적하여 큰 힘을 가진 이들이 있었다. 이들은 권력의 흐름을 흔들기도 하며 양반 못지않은 유복한 삶을 누리기도 했다. 조선의 마지막 내시 중 한 명인 송은松隱 이병직李秉直(1896~1973) 또한 유력한 내시 가문의 후예였다. 이병직은 권력을 누리는 대신 서화가로 활동하는 한편 뛰어난 감식안과 경제력을 바탕으로 고서화와 골동품을 모아 수장가로서도 크게 이름을 날렸다.

해강 김규진의
제자가 되다

이병직은 1896년 강원도 홍천 출신으로, 어려서 사고로 남성성을 잃고 서울의 유명한 내시 집안에 양자로 들어간다. 그러나 궁중 생활은 얼마 하지 못한다. 1908년 내시제도가 폐지되자 그는 서화를 배우며 세속의 삶을 시작한다. 이병직은 19세 때 당대 최고의 명성을 누리던 서화가 해강 김규진의 문하에 들어가 1918년 '서화연구회'의 제1회 졸업생이 된다.

이때부터 이병직은 본격적인 서화가로 활동한다. 초년에는 주로 김규진의 서화를 그대로 답습하는 경향이 강해서 독창적인 자신의 모습을 보여주지는 못했다. 하지만 이때의 작품을 보면 김규진의 솜씨 못지않은 필치를 보여주는 것이 많다. 이때부터 호는 송은이라 했고, 당호로는 고경당古經堂 또는 수진재守眞齋 등을 사용했다.

이병직은 20대에 조선미술전람회에 수차례 출품하여 뛰어난 성적을 보였다. 1923년 조선미술전람회 2회와 1925년 4회에서 각각 〈총죽도叢竹圖〉로 4등상을 수상하여 두각을 나타냈다. 이 밖에 3회, 4회, 5회, 6회, 8회, 9

1

이병직, 〈묵죽〉

회, 10회 등에서도 입선했는데 모두 대나무를 소재로 한 그림이었다.

그림은 대부분 김규진의 화풍을 그대로 닮은 것들로, 풍죽風竹·노죽露竹 등 다양한 종류의 대나무를 소재로 삼았다. 그중에서도 병풍 전체를 한 화면으로 삼아 굵고 힘찬 필세로 그려낸 총죽叢竹이 가장 돋보였다. 이러한 작품은 짜임새 있는 구도와 필력을 필요로 하는데, 섬세한 성격을 지녔던 이병직은 이를 잘 소화하여 그려냈다.

이러한 그림 실력은 학문을 즐겼던 이병직의 타고난 성품과도 관련된다. 그가 조선미술전람회에서 두각을 나타냈던 1920년대 후반 화단에서 그에 대해 "이론과 실기를 모두 겸한 뛰어난 서화가"라 평할 정도로 이병직의 학문적 성향은 당시 독보적이었다.

이병직의 뛰어난 서화이론은 결국 김규진의 서화를 넘어서서 자신만의 새로운 세계를 만들어낸다. 그의 스승 김규진은 매우 힘찬 일필의 필치로 활달하게 화면을 구성하는 화법을 사용한다. 그러나 이러한 필법은 근본적으로 섬세한 성품의 이병직에게는 버거웠다. 이에 그는 작품 세계의 변화를 꾀한다.

채색 이용해
새로운 미술세계 모색

1933년 스승 김규진이 세상을 떠나자 이병직은 그동안 유지해오던 활달하면서도 재빠른 필치를 버리고 얌전하면서도 단정한 필치로 변화한다. 또한 먹으로만 그리던 대나무 그림 일색에서 탈피하여 매화, 국화 등을 채색을 사용하여 단정한 구도로 그리기

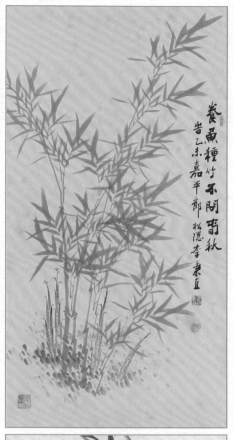

이병직, 〈청죽〉두 점

시작한다.

글씨도 매우 말끔한 해서를 사용하여 마치 여성의 필체 같은 느낌이 들게 했다. 태생적인 성품과 어울리는 화법을 스스로의 노력에 의해 만든 것이다. 이후 정갈한 필법은 이병직을 상징하게 된다. 특히 푸른색 대나무 그림에 단정한 화제를 넣은 〈청죽靑竹〉은 이러한 그의 면모를 잘 보여주는 대표작이라 할 만하다.

이처럼 새로운 변화를 꾀하게 된 계기는 영운 김용진과의 만남이었던 것으로 보인다. 이병직과 김용진은 본래 사제 관계는 아니었으나 김규진이 세상을 떠난 후 한 동네에 살며 자주 어울리며 영향을 받는다. 이병직의 국화나 매화 그림 등에 보이는 채색의 배치에서 김용진의 흔적이 보이는 것은 바로 이 때문이다.

묵로 이용우에게
당한 봉변

이병직은 내시 출신인데다 눈에 띄는 외모를 지녔음에도 동호인들과의 만남을 주저하지 않았다. 그는 인맥이 넓어 본인은 김규진의 '서화연구회' 출신이었으나 라이벌 격인 안중식의 '서화미술회' 출신들과도 자주 자리를 함께했다. 그들은 모이면 늘 술을 마시고 서화를 즐겼다. 특히 한 장의 종이에 여러 명이 함께 그리는 '합작도'는 모인 사람들의 우정을 확인하는 중요한 행사였다.

그렇게 회합을 즐기던 어느 날이었다. 그날 역시 모인 사람들은 술과 함께 서화를 즐기기 위해 지필묵을 준비했다. 그날의 좌장부터 시작된 붓질이 이병직에 이르렀다. 이병직은 화선지에 난초와 매화를 특유의

1

필치로 단정하게 그리고 다음 사람에게 붓을 넘겼다. 그런데 그의 뒤를 이어 붓을 든 이가 하필 취하면 심한 주사를 부리는 것으로 유명한 묵로 이용우였다.

마침 그날도 이용우는 술에 취해 장난기가 발동했다. 이용우는 이병직의 그림 옆에 괴상한 춘화를 그려 놓았다. 내시 이병직을 놀릴 요량으로 그린 것이었다. 그림을 그리고 나서 이병직에게 "이게 무엇인지 아느냐"고 놀리며 껄껄거렸다. 이용우의 괴벽을 잘 아는 주변 사람들은 웃지도 못하고 쩔쩔맸고, 그 사이 화가 난 이병직은 그대로 외투를 집어 들고 방을 나가버렸다고 한다.

서화 수집가와
감식가로서의 명성

이병직은 서화 감식안으로도 유명했다. 그는 엄청난 재산을 가진 부호였으며, 이를 바탕으로 좋은 미술품을 많이 수장한 대수장가로서도 유명했다. 그의 수집품은 '고경당 소장품' 또는 '수진재 소장품' 등으로 불리며 명성을 떨쳤다. 훗날 일제강점기 유명한 경매회사였던 경성미술구락부를 통해 판매되면서 이병직의 소장품 규모가 세상에 드러나게 된다.

당시 이병직은 내시 집안 대대로 내려오던 재산이 많아 사람들 사이에서 '7000석꾼'으로 불리던 큰 부자였다. 더욱이 이병직은 선대의 재산을 바탕으로 경기도 양주 일대 등에 땅을 사면서 재산이 급속도로 늘기 시작했다. 한때는 수락산 인근에 '우우당友于堂'이라는 별장과 땅도 소유했다고 한다.

그의 집은 종묘 옆 봉익동에 있었는데, 1930년대에 창덕궁과 가까운 익선동으로 이사했다. 이곳이 훗날 요정으로 유명했던 종로세무서 앞 '오진암梧珍庵' 자리이다. 그가 새로 구입한 익선동 집 사랑방에는 오세창이나 장택상張澤相(1893~1969) 같은 당대 유명 인사들이 드나들었다. 말년에는 익선동을 떠나 연지동에 거주했다.

그의 소장품으로 가장 유명한 것은 현재 국보 제306호로 지정된 일연一然(1206~1289)의 책《삼국유사三國遺事》와 이승휴李承休(1224~ 1300)의 역사책《제왕운기帝王韻紀》이다. 이 밖에도 추사 김정희의 글씨와 난초 그림, 단원 김홍도, 겸재 정선의 산수화 등 많은 걸작들이 그의 손에 있었다.

이 중 이병직이 가장 애지중지한 유물은《삼국유사》다.《삼국유사》는 평양 출신의 서지학자 이인영李仁榮(1911~?)이 갖고 있던 책이었다. 그가 해방 후 서울에 이주하여 살면서 생활이 어려워지자 1948년《삼국유사》와《제왕운기》를 내놓았다. 이병직은 거금 75만 원을 주고 샀는데, 기와집 수십 채를 살 수 있는 돈이었다고 한다. 그만큼 좋은 물건을 사는 데에는 돈을 아끼지 않았다.

그가 소장했던 미술품에는 대부분 그가 소장했었다는 내용의 배관기拜觀記가 적혀 있다. 글씨는 누구누구의 '진품眞品' 또는 '신품神品' 등으로 적고, 인장은 '송은진장松隱珍藏' 또는 '수진재진장守眞齋珍藏' 등으로 찍었다. 이러한 배관의 흔적은 주인의 명성에 따라 작품의 보증서가 되기도 한다. 근래에 이병직의 배관이 있으면 어느 정도 '진품'이라 인정할 만큼 그의 감식안은 정평이 나 있었다.

이병직, 〈묵란〉

〈한국사군자〉(예술의 전당, 1989)

노블레스 오블리주를
실천한 교육자

이병직은 요즘으로 치면 재벌이라 할 정도로 큰 부자였지만 이러한 경제적 풍요로움을 자신만을 위해 쓰지 않았다. 그는 늘 교육에 관심이 많았다. 아마 자신이 내시 출신이라 자식이 없어 후대를 보지 못하는 한을 풀려는 뜻이 담기지 않았을까 싶다. 중년에 접어들면서부터 이병직은 자기 재산을 풀어 학교를 세우는 데 온 힘을 기울였다.

1937년 이병직은 경기도 양주 광적면 효천리에 초등학교를 짓는다면서 허가를 신청한다. 얼마 후 학교 인가가 나오자 그는 학교 부지를 대고 건물을 지어 무상으로 기증한다. 그가 이곳에 학교를 세우려 한 것은 조선 중기 이후 200여 년 동안 가문의 사람들이 터를 이루고 산 곳이자 집안의 선산이 있는 고향 같은 곳이었기 때문이다.

또한 1939년에는 현재의 의정부중고등학교 전신인 양주중학교를 설립하는 데 재산의 대부분인 40만 원을 흔쾌히 내놓는다. 그는 이후에도 학교 교실을 증축하고 교사를 이전할 때마다 돈을 댔고, 운동장을 넓히는 데에도 지속적으로 자신의 재산을 아낌없이 기부한다.

이러한 이병직의 학교 설립에 대한 의지는 다른 부자들의 경우와는 달리 순수한 면이 많았다. 그에게는 피로 맺은 자식이 없기 때문에 학교를 소유하려는 욕심이 적었던 듯하다. 훗날 학교가 모두 국가에 귀속된 것도 같은 이유로 추측된다. 그의 기부는 마치 내시제도가 없어지자 내시로서 대대로 축재한 모든 재산을 사회에 환원한 것처럼 보이기도 한다.

세상이 바뀌자 자신의 전 재산을 털어 육영사업을 한다는 것은 현대인들도 실행하기 힘든 '노블레스 오블리주noblesse oblige'의 모범처럼 보여 우러러보게 된다. 그런 면에서 이병직은 단순히 서화가나 고서화 수집가라는 통속적 명칭보다는 열성적으로 육영사업을 수행했던 훌륭한 지성인으로 평가해도 좋을 듯하다.

독립운동에 앞장선
서화가 김진우

1970~80년대 강남이 개발되고 아파트가 수없이 들어서자 미술계에도 많은 변화가 있었다. 강북에서 오래 살던 부유층들이 강남으로 거주지를 옮기기 시작하며 그들의 집을 장식했던 동양화나 서예는 점차 사람들의 관심을 잃었고, 서양화가 새로운 주택에 어울린다며 본격적으로 집안에 장식되기 시작했다. 이제 한국의 전통적인 동양화나 서예는 구시대의 유물쯤으로 여겨지고, 유화나 판화 등이 한국의 대표적인 미술로 자리잡아 갔다.

물론 여전히 한국의 전통 미술을 찾는 애호가들도 있었다. 이상범과 변관식으로 대변되는 고급 산수화는 계속해서 찾는 이가 있었고, 조선조 문인화의 전통을 잇는 수묵화도 나름 인기가 있었다. 특히 매란국죽梅蘭菊竹을 중심으로 하는 사군자 작품은 문기를 숭상하는 지성인들에게 잊을 수 없는 고향 같은 것이었다. 이러한 흐름은 급속도로 도시화되고 서구화되어 가는 사회 속에서 동양 정신의 마지막 보루 같은 느낌을 주었다.

　　대부분의 동양화가들이 사군자를 그렸지만 품
목에 따라 인기 있는 유명한 전문가들이 있었다. 매화 그림으로는 오경
석 집안과 정학교·정대유 부자의 솜씨가 인기 있었고, 허백련許百鍊
(1891~1977)이나 최린 등이 그린 매화 그림도 많은 이들이 선호했다. 난
초 그림으로는 청나라 상해파의 화풍을 배워 유연하고 넉넉한 느낌을 주
는 민영익의 난초 그림이 단연 인기가 있었다. '석파란'이라 불린 흥선

황용하, 〈국화〉(1940년대)

대원군 이하응의 난초나 김응원 등의 난초 그림을 좋아하는 사람도 많았다.

국화 그림은 특별히 잘 그린다고 소문난 사람이 많지 않았다. 그중에서도 개성 출신 황용하黃庸河(1899~?)의 선묘를 잘 살린 그림이 '실국'이라 불리며 많이 알려졌고, 강취운康翠雲(?~?)이나 주산월朱山月(1894~1982) 같은 평양 기생들의 국화 그림도 볼 만했다. 대나무 그림으로는 단연 평양 출신 김규진과 대구 출신 서병오徐丙五(1862~1935)가 유명했다. 김규진의 호방한 그림은 평양화단의 김유탁金有鐸(1875~1936 이후) 등에 이어졌고, 민영익의 영향을 받은 서병오의 그림은 배효원裴孝源(1898~1942), 서동균徐東均(1902~1978) 등 대구 출신 제자들에게 그 맥이 전해졌다.

재평가가 시작된
일주의 독특한 대나무 그림

김진우

1990년을 전후로 근대기 서화가들 중에 유난히 사람들의 입에 많이 오르는 작가가 나타났다. 독특한 대나무 그림으로 유명한 일주一洲 김진우金振宇(1883~1950)였다. 그는 그때까지 다른 서화가들에 비해 그리 유명하지도 않았고 애호가들이 선호하는 편도 아니었다. 그런 김진우가 갑자기 인기를 얻은 것은 그가 단순한 서화가로서만 활동하지 않고, 일제강점기라는 불행한 현실에 저항하여 독립운동을 하며 그림을 그린 사실을 높게 평가했기 때문이다.

　김진우는 강원도 영월 출신으로 성격이 강직하고 호탕한 편이었다. 어려서부터 '위정척사衛正斥邪' 사상의 기치를 내건 의암毅庵 유인석柳麟錫 (1842~1915)의 진중에 들어가 그를 따른다. 그의 항일 의지는 유인석이 국내에서 의병을 일으키고 만주로 망명했을 때에도 계속되지만, 1915년 유인석이 죽자 스승을 잃은 상실감에 위기를 맞는다. 그럼에도 그는 중국 전역을 돌아다니며 중국 명사를 만나 국권 회복의 방법을 모색하고 시간이 날 때마다 그림을 그렸다.

김규진, 〈묵죽도〉(1930년대)

중국에서 돌아온 그는 1917년 무렵 부인과 아들을 서울로 올라오게 하여 자리를 잡는다. 그는 처음 서울에 올라와 종로에 살다가 연지동으로 이사를 갔다. 그는 서화가로서 활동하며 종로통에 서화가게를 차려 생업을 꾸린다.

김진우의 미술 학습에 대해서는 여러 설이 있다. 보통 해강 김규진에게 사군자를 배웠고, 1918년 김규진이 개설한 '서화연구회' 제1회 졸업생이었다고 전한다. "나는 그림 스승이 없다. 감옥에서 스스로 터득했을 뿐이다"라는 김진우 본인의 말을 근거로 독학했다고 말하기도 한다. 하지만 미술이란 혼자 쉽게 이루어낼 수 없는 것이다. 김규진의 제자인 이병직이나 이응노李應魯(1904~1989) 작품과 김진우 대나무의 유사성 등을 보더라도 일정 부분 김규진의 지도를 받은 것은 사실로 보인다. 단지 다른 제자들과 달리 사제 관계라기보다는 김규진과 서로 교류한 것으로 생각하여 김진우가 그렇게 말한 것이 아닌가 한다.

그는 1919년 3·1운동이 일어나자 중국 상해로 건너가 대한민국 임시의정원 강원도 대표 의원을 지냈으며, 1921년 귀국하여 독립운동을 펼치다 붙잡혀 3년 징역형을 살기도 했다. 감옥에서 나와 훗날 생활이 안정되자 권농동 김은호의 뒷집으로 이사 왔다가 다시 원서동으로 이사한다. 그가 북촌에서 살게 된 것은 북촌이 여유 있는 사람들이 살던 곳이기도 하지만, 북촌 지역에 독립운동 의지가 강한 지사들이 많이 살았기 때문이기도 하다. 실제 김진우의 집 근처에 송진우宋鎭禹(1887~1945), 김성수金性洙(1891~1955), 여운형呂運亨(1886~1947) 등이 살고 있었으며, 이들과 늘 가까이 지냈다.

이곳에 살며 김진우는 임시정부의 밀명을 받고 자금을 대는 역할을 맡았다고 한다. 그를 주시하고 있던 일본 경찰은 3·1운동이나 6·10만세운

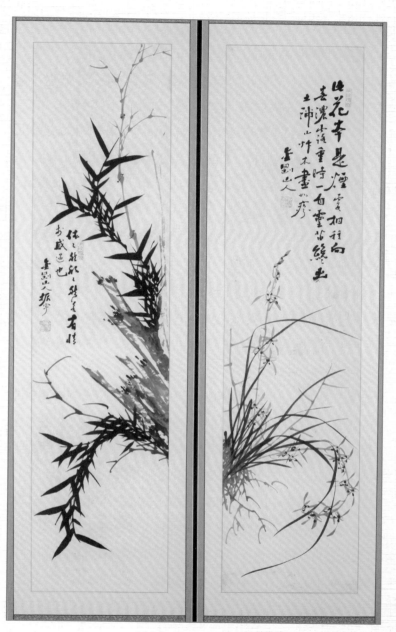

김진우, 〈묵죽 묵난〉(1930년대)

ⓒ 고은솔

동이 일어났던 날이 되면 김진우를 예비검속하여 일주일이나 보름 정도씩 구속했다가 풀어주곤 했다. 그래서 예비검속 때가 되면 그는 미리 알고 술에 잔뜩 취해 자빠져 있었다. 그러면 일본 경찰들이 하는 수 없이 둘러메고 갔다고 한다. 그렇게라도 일제를 골탕 먹이려 한 것이었다.

김진우는 1920~30년대에 전시회를 많이 열며 상당한 양의 그림을 그렸는데, 이때 판매한 그림값의 대부분이 독립운동에 들어갔다. 각지를 돌아다니며 그림을 그려 판 돈을 독립운동에 쓰려다보니, 급히 그려 주느라 낙관을 하지 못한 경우도 많았다고 한다.

김진우의 작품은 다른 이들의 그림과는 차이점이 많다. 보통 도제식으로 그림을 배우면 스승의 필치와 거의 같기 마련인데, 김진우의 작품은 스승으로 전하는 김규진의 필법과도 조금 다르다. 이는 평소에 김진우가 중국의 《개자원화보芥子園畫譜》를 보며 많은 공부를 했기 때문이다. 특히 북송北宋 때의 유명한 문인화가 문동文同(1018~1079)의 그림에서 큰 영감을 받은 것으로 보인다.

김규진의 그림 속 대나무는 믿음직한 줄기를 따라 잎이 유연하게 이어져 완결된 구성을 보이는데, 김진우의 대나무 그림은 굳은 줄기에 댓잎이 붙은 듯 떨어진 듯 날렵하게 흩날린다. 마치 날카로운 창칼 같기도 한 이 같은 댓잎 하나하나를 두고 김진우의 독립 의지가 표현된 것으로 설명하기도 한다.

난초 그림 또한 단정하면서도 굳건함이 조금도 흐트러지지 않는다. 그의 굳고 고결한 품성의 모습이 잘 반영되어 나타난 듯하다. 어떤 작품에서는 난초가 하늘을 향해 춤을 추기도 하고 유연하게 늘어지기도 하는데 모두 작품으로서의 운치와 품격을 잃지 않았다.

몽양 여운형 회갑에
그려준 괴석도

　　전쟁이 길어지며 일제의 패망이 다가오자 김진우는 1944년 여운형과 함께 '건국동맹建國同盟'을 결성한다. 두 사람은 굳건한 의지로 무장한 통 큰 사람들이었다. 그리 멀지 않은 북촌 지역에 살던 두 사람은 시간이 나는 대로 만나 조국을 위한 대업의 꿈을 꾸었다.

　김진우는 1946년 건국동맹을 결성한 동지 여운형의 회갑을 기념하여 〈괴석도〉 한 점을 그려준다. 화첩에서 떨어져 나온 것인데, 본래 여운형 회갑 기념 화첩 중 한 장으로 보인다. 여운형의 삶을 '우뚝 솟은 한 조각 돌(屹然一片石)'이라는 제목으로 표현했다. 거기에 "이 돌은 몽양의 기상"이라 적고 몽양이 "오래 살기를 기원한다"는 내용으로 마무리했다.

김진우, 〈괴석〉

한평생 조국의 독립과 번영을 위해 힘쓴 여운형의 기세가 잘 이입된 명품이다. 먹의 농담을 잘 살려 괴석의 석질을 실감나게 표현했다. 굴곡과 주름이 강하고 까슬까슬한 돌의 피부가 한평생 조국의 독립과 발전을 위해 헌신한 여운형의 일생과 한 치의 차이도 없어 보인다. 오랜 세월 여운형을 곁에서 지켜봤던 김진우였기에 가능한 일이었을 것이다. 바람처럼 한 시대를 살아온 두 풍운아들의 동지애가 느껴진다.

그러나 김진우의 기원에도 불구하고 여운형은 회갑 이듬해인 1947년 7월 19일 서울 혜화동 로터리에서 극우파 한지근에게 저격당해 세상을 떠난다. 한국 독립운동의 거목이 홀연히 세상을 떠나는 허망한 일이 벌어진 것이다. 만일 그가 살아 좌우합작이 이루어졌다면 현재 우리나라의 모습은 어찌 되었을까 생각해 보면 두고두고 아쉬운 일이다.

여운형이 비운의 죽음을 맞이한 후 3년이 지난 1950년, 이 땅 위에 한국전쟁이 일어난다. 석 달 동안 서울은 북한군의 수중에 들어가 있었다. 9·28수복 직후, 약삭빠르게 피난갔던 사람들이 슬그머니 돌아오더니, 서울에 남아 있던 이들을 부역자로 몰았다. 이때 김진우도 부역 혐의로 서대문형무소에 잡혀 들어갔다. 이미 68세의 노령이었던 그는 겨울의 추위를 이기지 못했다. 결국 일제강점기에 그토록 자주 드나들었던 그 감옥에서 동족에 의해 죽음을 맞는다. 평생 조국의 독립을 꿈꾸며 대나무를 그렸지만, 대나무가 쪼개지듯 둘로 갈린 조국에 김진우의 자리는 없었다.

1

임금의 초상을 그린
인물화의 귀재 김은호

미술의 역사란, 거칠게 말해 천재 화가들의 무용담을 모은 사화집詞華集이다. 그만큼 뛰어난 미술가는 범인들이 갖기 어려운 창조적인 재능을 보인다. 한국 미술사에도 솔거率居(?~?)나 김정희, 장승업 같은 천재들이 존재한다. 그들의 이야기는 마치 신화 속 영웅의 일대기처럼 강렬하게 미술사를 수놓고 있다. 일제강점기에도 이들 못지않은 미술사의 천재들은 적지 않게 나타났다.

조선미술전람회의 총아
이인성

조선 왕조가 막을 내리고 일제강점기가 시작되면서 서구 문물이 밀려들어오는 혼란의 시대가 시작된다. 미술계도 이런 혼돈 속에서 새로운 구조로 재편되는데 그 과정에서 괄목할 만한 화가들이 여럿 등장한다. 서양화의 김관호金觀鎬(1890~1959), 이인성李仁星(1912~1950), 오지호吳之湖(1906~1982) 등이 당대 최고의 반열에 있었으며, 동양화가로는 안중식과 조석진의 제자들 중에서 뛰어난 화가가 여럿 나온다. 김은호, 이상범, 이한복, 이용우 등이 당대를 대표하는 동양화가들이었다. 이들은 훗날 한국 미술계의 전설적인 화가로 남는다.

이들 중 서양화가 이인성은 어려서부터 뛰어난 재능을 보여 일제강점기를 대표하는 화가가 되었다. 그는 어려운 집안에서 태어나 빼어난 미술 재주를 보여 주목을 받는다. 이인성은 이후 주변 선생들과 지역 유력자의

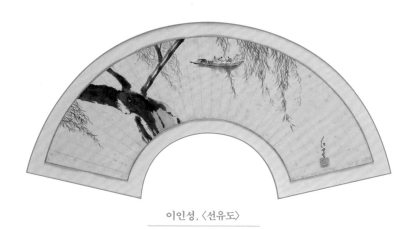

이인성, 〈선유도〉

후원을 받아 일본 유학을 하게 되고, 결국 당대 최고의 화가가 된다. 특히 조선미술전람회에서의 그의 활동은 눈부셨다. 현실을 극복한 일제강점기 화단의 새로운 영웅의 탄생이었다.

그림 배운 지 21일 만에
어진御眞을 맡아?

　　　　　　일제강점기의 동양화가로는 단연 이당 김은호가 천재성을 보인 것으로 전한다. 그의 자서전 격인 《서화백년書畫百年》이라는 책을 보면 그가 화가의 길을 걷게 된 경위가 자세히 나와 있다. 스스로의 고백에 따르면 그는 신라의 솔거나 조선의 김정희, 장승업도 따르지 못할 정도의 신비롭고 불가사의한 입문을 한다. 그만큼 그의 화가로서의 시작은 말로 설명이 되지 않을 정도로 전설적, 아니 '신화적'이라는 표현이 적합하다.

김은호(33세, 1924)

한국근대미술연구소 편,《이당 김은호》(국제문화사, 1978)

어진을 제작하는 김은호

한국근대미술연구소 편, 《이당 김은호》(국제문화사, 1978)

《서화백년》에 따르면 김은호는 1912년 나이 20세에 처음 서화미술회에 들어가 미술을 배우기 시작한다. 그는 안국동 영풍서관에서 만난 중추원 참의 김교성金教聲(1860~1943)의 추천으로 안중식과 조석진이 이끌던 서화미술회에 입문했다. 첫날 안중식 앞에서 중국화보를 임모하는 즉석 시험을 보고 바로 그 자리에서 입학을 허락받았다. 서화미술회에서 밤낮으로 서화를 익힌 그는 조석진과 안중식에게 '내림 그림' 곧 '신들린 무당처럼 신기를 받아 그린 그림'이라는 칭찬을 자주 들었다고 한다.

그는 특히 인물화를 잘 그렸다. 하루가 다르게 실력이 늘고 이름이 조금씩 알려지기 시작하자 갑자기 덕수궁에 있던 고종이 '어진초본御眞艸本'을 그려오라는 명령을 내린다. 김은호로서는 생각지도 못한 놀라운 일이었다. 조선시대 같으면 당대 최고의 화원이 맡아야 할 일인데, 당대 최고의 화가인 두 선생마저 제쳐 두고 어린 제자가 맡게 되었으니 말이다. 더욱이 김은호는 서화미술회에서 화필을 잡은 지 삼칠일, 곧 21일밖에 안 되었는데, 이런 일을 맡게 되니 믿기지 않는 일이었다.

그때 마침 일본인이 고종의 어진을 그리려 하고 있었다. 이를 마뜩찮게 생각한 고종은 얼굴 한 번을 내보이지 않았다. 진척이 되지 못하자 다른 화사를 알아보던 차에 김은호가 인물 그림의 천재라는 소문을 듣고 청하게 되었다는 것이다.

김은호가 온 힘을 기울여 초본을 그려 보내니 고종이 흡족해 했다. 결국 김은호는 어진화사가 되어 고종의 어진을 그리게 된다. 그러나 고종은 조선총독부의 지시를 받은 일본 화가를 물리칠 수 없어 김은호에게 먼저 창덕궁에 있던 순종의 어진을 그리게 한다. 김은호는 모든 재료를 준비하여 창덕궁에 들어가 순종의 어진을 그리기 시작했다. 순종은 매일 20분씩 시간을 내주었다. 경험은 없었으나 김은호는 타고난 재주를 바탕으로 성심성의껏 그렸다. 이미 어진 경험이 있었던 두 스승이 수시로 드나들며 도와주었다. 그런 과정 속에서 김은호는 큰 문제없이 순종의 초상화를 완성해냈다.

《서화백년》 속
진술의 의문점

　　　　　　　　　김은호의 서화 입문 과정에는 참으로 이해하기 어려운 부분이 있다. 김은호가 순종의 어진을 제작한 때가 그림을 본격적으로 배우기 시작한 지 꼭 21일만이라는 점이다. 공자는 '태어나면서부터 알았다(生以知之)' 했는데, 김은호의 재주도 그에 못지않았던 모양이다. 그러나 이는 모두 김은호 자신의 진술에 의한 것일 뿐 검증되지 않은 부분이 많다.

김은호가 처음 안국동에 나타났을 때 그는 이미 20세의 성인이었다. 본인은 당시 글씨 정도는 단정히 쓸 줄 알았으나 그림은 딱히 배운 적이 없었다고 한다. 그때 김교성의 추천으로 서화미술회에 들어가 남종화의 명인인 안중식과 조석진의 지도를 받는다. 그런데 이상하게도 이전에 그림을 배운 적이 없다 했던 그가 서화미술회에 들어가자마자 초상화를 거의 완벽히 그려냈고, 채색을 중심으로 하는 북종화 또한 완벽에 가까울 정도로 구사했다. 그는 스스로 자신이 천부적인 재능을 가졌다고 설명했다. 그건 그렇다 치자. 그림을 정식으로 배운 지 21일 만에 어진 제작을 맡는다? 과연 이런 일이 가능한가? 우리는 이런 서술을 의심 없이 받아들여야만 하는 것일까?

김은호, 〈순종어진 초본〉(1915~1916년작)
국립현대미술관 소장

모필로 그림을 그린다는 건 그렇게 쉬운 일이 아니다. 천부적인 재능이 있다 하더라도 오랜 학습 없이 어진을 그릴 정도의 실력을 갖추었다는 것은 도저히 믿을 수 없는 일이다. 어진을 그리는 전통 초상화 제작 방식은 중간 과정이 매우 많고 그리기도 까다로워 오랜 학습을 한 화원이라도 아무나 맡을 수 없다. 그런데 느닷없이 나타난 화가 지망생이 완벽한 초상화 기법을 보유하고 있다니, 도저히 믿기 어렵다.

본인은 스스로 독학했다고 했지만, 이런 특별한 기능은 일정기간의 수련 과정을 거쳐야만 해낼 수 있다. 그 짧은 시간에 모든 기능을 습득하기란 거의 불가능하다. 분명 김은호는 20세 이전에 따로 그림을 배운 적이 있었을 것이다. 더욱이 그의 작품 경향은 당시 서화미술회 선생 7명의 솜씨와 상당히 다르다. 이는 이런 심증을 더욱 강하게 한다.

이런 면에서 20세 이전의 김은호의 삶에 대한 치밀한 연구가 다시 행해져야 한다. 지금까지는 오로지 김은호 본인의 진술에 의지해서 그의 행적을 기록했다. 그것만으로는 그의 미술세계를 제대로 설명하지 못한다. 그의 현란한 인물화와 채색화에 대한 정확한 서술을 위해서는 지금까지의 기록 외에 새로운 연구가 필요하다. 단지 '내림 그림'이라는 말로 설명하기에는 한국 근대미술사 서술이 너무나 초라하다. 있는 기록만을 정리하는 것이 미술사가 아니다. 그 기록에 대한 엄정한 검증을 거쳐 서술해야만 제대로 된 역사라 할 수 있다.

1

금강산을 잘 그린
산수화의 거장 배렴

종로구 계동 현대 사옥 왼쪽에서 중앙고등학교로 향하는 풍취 좋은 계동 길을 걷다보면 중간 왼편에 단아한 한옥 한 채가 나온다. 근대기 동양화 단의 거두였던 제당霽堂 배렴裵濂(1911~1968)이 1959년부터 1968년까지 10년간 살던 집이다. 그 전에는 인류학자인 석남石南 송석하宋錫夏 (1904~1948)가 살기도 한 유서 깊은 고택이다.

요즘은 동양화가 그다지 대접을 받지 못하지만, 1980년대 이전에는 대단한 인기를 누렸다. 대부분의 집에 동양화 한 점은 걸려 있을 만큼 수요가 많았다. 동양화라 하면 단연 청전 이상범의 산수화와 이당 김은호의 인물화가 유명했다. 물론 다른 여러 저명한 화가들도 있었지만, 이상범과 김은호의 그림은 유난히 인기가 많아 동양화를 상징하는 고유명사처럼 사용되었다.

이들의 뒤를 이어 그들의 제자들이 미술계를 호령했다. 김은호의 제자로는 월전 장우성과 운보雲甫 김기창金基昶(1913~2001)이 유명했고, 이상범의 제자로는 제당 배렴과 청계靑谿 정종여鄭鍾女(1914~1984)가 이름났다. 김은호의 제자들은 김은호의 화숙인 낙청헌을 중심으로 '후소회後素會'라는 모임을 꾸려 활동했으며, 이상범의 제자들은 이상범의 화숙인 '청전화숙'을 통해 활발히 움직였다.

스승의 미술세계를
고스란히 이어

이상범의 제자 중 가장 두각을 나타낸 이는 단연 배렴이었다. 보통 청전화숙을 대표하는 수제자로 배렴과 정종여를 꼽는데, 실제 이상범의 의발衣鉢을 제대로 전수받은 이는 배렴이다. 정종여는 청전화숙의 회원으로 활동하기는 했으나 실제 이상범으로부터 배운 기간은 얼마 되지 않는다. 정종여는 오사카미술학교로 유학을 가 당시 일본 화단의 새로운 경향인 '신남화新南畵'를 배운 신감각파였다. 이에 비해 배렴은 고향인 김천에서 상경하여 이상범에게서 처음부터 그림의 기본을 다져가며 스승의 미술세계를 그대로 전수받은 제자이다.

배렴은 근대기 화가로서는 보기 드물게 큰 어려움 없이 화단의 주요 인물로 살아왔다. 그런 면에서 현실적으로는 무척이나 복 받은 사람이었다. 그는 조선총독부에서 문화정책의 일환으로 조선미술전람회를 창설하자 스승과 함께 적극적으로 참여하여 누구 못지않은 뛰어난 성과를 거둔다. 전람회 심사에 참여하던 스승 이상범의 후원 덕분이긴 했지만 스스

• 계동 제당 배렴가옥
•• 이승만 대통령 앞에서 그림을 그리는 배렴
ⓒ 배렴 가옥

로의 끊임없는 노력이 없었다면 불가능했을 결실이었다. 그는 해방 후에도 새로 생긴 대한민국미술전람회의 심사위원으로 활동하며 한국 화단을 이끈다. 이 외에 문화재위원을 역임하고, 홍익대학교 미술대학 교수를 역임하는 등 화가로서 누릴 수 있는 모든 영예를 누렸다.

특히 1954년부터 생긴 예술원 창설에도 깊이 관여하여, 예술원의 기틀을 마련하는 데 많은 역할을 했다. 처음 예술원이 생겼을 때 회원은 모두 25명이었는데 그중 미술인은 7명이었다. 회장인 고희동과 동양화의 이상범, 배렴이 있었고, 서양화 부문에는 장발張勃(1901~2001)과 김환기金煥基(1913~1974), 그리고 조각부의 윤효중尹孝重(1917~1967), 서예부의 손재형孫在馨(1903~1981) 등이 예술원 회원이 되었다. 스승과 제자가 모두 예술원 회원이 되었으니, 배렴의 미술계 위상이 어느 정도였는지 알 만하다.

금강산 기행으로 다져진 금강산 그림

배렴의 미술세계를 대표하는 갈래는 역시 산수화이다. 스승인 이상범으로부터 전수받은 그의 산수화는 전통적인 남종화에 바탕을 둔 담백한 그림이었다. 초기에는 스승의 필치에서 크게 벗어나지 않다가 점차 자기만의 개성 있는 화풍을 만들어 나갔다. 당시 화가들은 대부분 '신남화'라 불리는 일본화풍을 참고하여 그림을 그리고 있었다. 이런 유행에 편승하여 배렴 또한 초기에는 신남화풍의 그림을 그렸으나, 점차 염증을 느껴 조선시대 남종화에 기반을 둔 담백한 화면의 그림으로 전환했다.

1

배렴, 〈산고수장〉(1958)

《한국현대미술대표작가100인선집》(금성출판사, 1975)

배렴의 산수화를 대표하는 것 중의 하나가 금강산이다. 당시 누구나 금강산을 좋아하긴 했으나 배렴의 금강산 사랑은 남달랐다. 배렴은 1939년 금강산을 방문하여 명승지 구석구석을 스케치한다. 그는 이때 남긴 방대한 양의 스케치를 바탕으로 금강산의 주요 경관을 그려 이를 중심으로 1940년 화신화랑에서 개인 전시회를 열었다. 전시회는 많은 사람들이 찾아 성황을 이루었고, 판매도 잘되었다고 한다. 이때 그린 그림을 그의 대표작이라 생각하는 사람들이 많다.

한 점 흐트러짐 없는
배렴의 대표작 〈홍매〉

배렴은 성격이 매우 단정하여 깔끔한 그림을 주로 그렸다. 꽃과 새 그림에서는 배렴의 단정함이 더욱 두드러졌다. 목련 그림이나 매화 그림 등을 보면 그의 성격이 얼마나 바르고 깔끔했는지 알 수 있다. 그림의 필치뿐만 아니라 글씨도 흐트러짐이 없다. 그는 주로 산수화를 많이 그려 필력 좋은 화조 그림을 보기는 의외로 쉽지 않은데, 근래 우연히 한 소장가의 수장품 중에 매우 뛰어난 필치의 〈홍매紅梅〉를 보게 되었다.

〈홍매〉는 1957년 오당悟堂 김영세金榮世(1908~?)라는 이의 딸 결혼 기념으로 그려준 가리개용 그림이다. 지금껏 전해져 온 배렴의 화조 그림 중에서 가장 빼어난 필치를 보이는 듯하다. 솜씨도 솜씨려니와 송대宋代의 대시인 매요신梅堯臣(1002~1060)의 시를 인용한 화제 또한 일품이다.

배렴, 〈홍매〉(1957)

그대 집 시냇가에 매화 있었지만

보이는 건 꽃이 흰 매화뿐이었소

우리 집에 홍매나무 기르고 있어

접가지 구해서 귀객에게 부치오

잘라 접붙임은 우정 맺음 같으니

접그루 접가지 떨어져선 아니되오

내년에 꽃이 피어 술잔을 들 땐

취기 오른 볼이 볼그름해질게요

시향詩香이 그득한 글이다. 그림 또한 시 못지않게 정취가 가득하다. 이 그림은 평소 배렴의 그림보다 훨씬 더 세련되고 흥이 넘친다. 이 그림을 그리는 날 화가로서 배렴은 화흥畵興이 평소보다 더 고조되었던 모양이다. 화가의 솜씨는 처해진 상황에 따라 매우 다르게 발현된다는 것을 새삼 느끼게 한다.

기억상실증으로 불행했던
비운의 화가 백윤문

어린 시절 '주말의 명화'에서 본 영화 한 편이 어슴푸레하게 생각난다. 〈마음의 행로〉라는 영화이다. 이 영화는 미국에서 1942년에 제작되었으나 한국에서는 1954년에 개봉되었다. 이 영화의 배경에 깔린 반전 분위기는 한국전쟁 후 상실감에 젖은 한국인의 마음을 울렸다.

　1차 세계대전이 끝난 1918년 영국, 기억을 상실한 부상병 찰스는 거리로 빠져나와 쇼 무희인 폴라를 알게 되어 결혼까지 한다. 찰스는 글을 쓰며 생계를 유지하는데, 어느 날 자동차 사고로 홀연히 기억이 되살아난다. 그러나 반대로 폴라와 같이 산 기억은 상실한다. 그는 본가로 돌아가 부친의 유언에 따라 실업계에서 활동한다. 찰스는 사업가로 대성하지만 기억하지 못하는 세월 때문에 뭔가 늘 허전해 하며, 호주머니에 있는 열쇠를 만지작거리며 지낸다. 한편 폴라는 잡지에 난 찰스의 사진을 보고서 찰스의 개인 비서로 일하게 되고, 사실을 밝히지 않고 찰스를 보

〈마음의 행로〉 포스터(1954)

필하며 지낸다. 하지만 찰스는 그녀가 자신의 아내였음을 기억하지 못한다. 그러던 중 찰스가 회사의 일로 예전에 살던 곳 근처에 가는데, 이끌리듯 전에 살던 집을 찾아가 호주머니의 열쇠를 꺼내 문을 연다. 그곳에 옛날 폴라의 모습을 한 지금의 비서가 서 있다. 뭐, 대략 이런 이야기였다.

이당 김은호의
수제자

한국 근대 미술계에도 이와 닮은 비극을 겪은 화가가 한 명 있다. 그의 이름이 나오면 늘 이 영화 이야기가 따라오곤 한다. 그의 이름은 향당香塘 백윤문白潤文(1906~1979), 근대기의 대표적인 화가 이당 김은호의 수제자였다.

백윤문은 서울 낙원동 출신으로 도화서 화원이었던 백은배白殷培(1820~1901)를 배출한 집안에서 태어나 어려서부터 그림에 소질을 보였다. 20세 때 김은호에게 그림 지도를 받으며 일찍 두각을 나타내기 시작

20대의 백윤문
《향당 백윤문》(백송화랑, 1981)

한다. 서화협회 회원으로 서화협회전에 출품했고, 조선미술전람회에는 제6회부터 인물·꽃·새 등을 소재로 한 채색화를 출품하여 모두 10여 회의 입선과 3회의 특선을 하고 후소회의 발기인으로 참여하는 등 김은호의 제자 중에서도 괄목할 만한 활약을 보였다.

백윤문은 김은호의 제자 중에서 장우성이나 김기창 같은 다른 제자들과는 조금 다른 위치에 있었다. 이들은 모두 김은호의 화숙인 낙청헌에서 배웠지만, 친구 사이라 하기에는 어려운 점이 있었다. 백윤문은 이들보다 6~7세 연장이기도 하고, 김은호의 문하에 들어온 시기도 빨라 맡은 역할이 달랐다. 제자들을 대표하는 위치, 요즘 말로 하자면 '조교'였던 셈이다.

낙청헌은 권농동에 있었는데, 창덕궁 돈화문 정면에서 가까운 곳이었다. 백윤문은 익선동에 살았는데 김은호의 집과는 길 하나를 사이에 두고 걸어서 1분도 안 되는 가까운 거리였다. 백윤문은 스승을 빼닮은 솜씨로 듬뿍 사랑을 받았다. 가까이 살며 스승의 일을 돕기도 하고, 그림 그리는 일도 함께 하는 때가 많았다.

조선미술전람회 출품작
〈분노〉와 기억상실증

백윤문의 삶은 이렇듯 순조로운 듯했지만, 하늘은 그에게 스승의 사랑을 받는 꽃길만 걷도록 허락하지 않았다. 잘 나가던 그에게 갑자기 기억상실증이라는 불행의 그림자가 닥쳐온다. 일설에 따르면 그의 기억상실증은 조선미술전람회에 출품한 작품 때문에 생긴 것이라 한다.

백윤문은 1935년 조선미술전람회에 〈분노〉라는 작품을 출품한다. 이 작품은 채색으로 그린 인물 풍속화인데 짜임새 있는 구성으로 심사위원들의 눈에 들어 특선에 선정되었다. 그러나 내용이 일제의 심기를 건드려 입선으로 강등되었다고 한다.

이 작품은 두 촌부村夫가 장기를 두다가 다투는 내용이다. 머리가 벗겨진 사람이 술에 취해 장기판을 뒤엎고, 같이 두던 사람에게 행패를 부린다. 그런데 판을 뒤엎은 이의 모습이 꼭 일본인처럼 보여, 남의 나라를 빼앗아 차지한 일본제국주의의 야만성을 풍자한 것이라 판단하고 특선에서 배제했다는 것이다.

백윤문, 〈분노〉(1935)

〈근대미술가의 재발견 1: 절필시대〉(국립현대미술관, 2019)

결국 백윤문은 일제의 심문을 받게 되었고, 그로 인한 정신적 충격과 스트레스로 정신질환을 얻어 기억상실증에 이르게 되었다. 이때가 1942년이었다. 이후 그는 병에 시달리며 화단을 떠나게 되었다 한다.

이러한 이유로 백윤문은 결국 오랫동안 사람들의 뇌리에서 사라진다. 그러던 백윤문이 36년이라는 긴 시간이 흐른 후 기적적으로 기억을 되찾아 다시 미술 작업을 시작한다. 70세를 훌쩍 넘긴 때였다. 1978년에는 재기의 전시회를 열어 성황리에 마무리했다. 사람들은 그의 재기를 영화에 빗대어 한국판 〈마음의 행로〉라 했다. 너무 오랫동안 그림을 그리지 않아 솜씨가 무뎌져 작품의 수준은 그리 높지 않았으나 불굴의 의지만은 높게 평가받았다. 이듬해 미국의 워싱턴에서도 개인전을 열어 수익금을 스미스소니언박물관 한국실에 기증하기도 했다. 그러나 다시 건강이 악화된 그는 얼마 후 세상을 떠나고 말았다.

선전 주최 측을 의식한
대표작 〈건곤일척〉

백윤문의 작품은 동년배 다른 화가들에 비해 적은 편이다. 특히 기억상실이 오기 전인 1942년 이전의 작품은 매우 드물다. 현재 남아 있는 작품 중에서 백윤문을 대표하는 것은 단연 온양민속박물관 소장의 〈건곤일척乾坤一擲〉이다. 조선의 노인 네 사람이 마당에서 윷놀이를 하는 모습을 담은 그림이다. 1939년 백윤문이 조선미술전람회에 출품했던 작품으로 알려져 있다.

이 작품은 제작 방식 면에서 스승인 김은호의 작품과는 매우 다르다. 김은호는 주로 여성의 삶을 소재로 하여 천에 얇게 색칠하는 감성적인 채색화를 많이 그렸다. 반면 백윤문의 이 작품은 밑그림을 바탕으로 두꺼운 천 위에 호분胡粉과 진한 채색으로 화면 전체를 두껍게 칠하는 방식의 채색화이다.

백윤문, 〈건곤일척〉(1939)
〈근대미술가의 재발견 1: 절필시대〉(국립현대미술관, 2019)

이는 일본화를 그리는 전형적인 방식으로 당시 조선미술전람회에 출품하던 화가들의 주된 작업 방법이었다. 백윤문도 처음에는 스승과 거의 같은 방식으로 작품을 그렸으나 1930년대 들며 점차 조선미술전람회 주최 측이 요구하는 방법으로 그림을 그리게 된다.

한국의 전통적인 풍속을 담은 그림 내용 또한 조선총독부가 권하던 오리엔탈리즘, 곧 식민지의 향토색을 드러내는 작품을 선호하던 경향에 따르려는 의도가 다분하다. 그럼에도 이 〈건곤일척〉은 한국의 풍속을 잘 표현했고, 채색을 다루는 솜씨가 꽤 높은 경지에 오른 작품이라 할 만 하다.

단정하고 섬세한 대표작
〈축수도〉

백윤문의 작품 중 특이한 것이 하나 전한다. 1940년 송원松園 박충식朴忠植이라는 이의 부탁으로 '규암圭菴'이라는 이의 환갑을 기념하여 그린 〈축수도〉이다. 주변에 봉황 두 마리가 둘러 있고, 아래쪽에는 매화가 그려져 있고, 위 아래로 '수복壽福'이란 두 글자가 박힌 특별 제작된 고급 종이에 그렸다.

한 장에는 괴석과 불로초(영지)를 그렸다. 돌이나 불로초 모두 장수를 기원하는 소재이다. 괴석의 '수수준투秀瘦峻透'하는 변이가 좋고, 불로초의 모양과 색채가 감각적이다. 재빠른 손재주와 넉넉한 그림솜씨가 엿보인다.

또 한 장에는 규암이라는 이의 인간적인 면모를 칭송하려는 듯 대나무 한 그루를 그렸다. 예로부터 강직한 선비의 면모를 상징하는 대나무는 남성의 통과의례 축하일에 선물로 주는 그림으로 가장 선호한 소재였다. 굵은 가지와 잔가지, 죽순을 섞어 그렸는데 역시 단정하다.

　다른 한 장에는 송학도松鶴圖를 그렸다. 김은호의 송학도를 빼박은 듯 단정하기 이를 데 없다. 말끔하기도 하고 섬세하기도 한 그림의 풍모가 외곽의 화려한 장식 문양과 잘 어울려 잔칫집의 화려한 분위기를 북돋는 듯하다. 마지막 한 장에는 이 그림을 그린 내력을 적어 놓았다. "1940년 늦가을 중순에 송원 박충식 형의 부탁으로 규암 선생의 회갑 잔치를 위하여 그린다. 향당 백윤문."

이 작품은 단편적이나마 백윤문의 뛰어난 그림과 글씨 솜씨를 웅변한
다. 그러나 36년이라는 긴 공백을 가지고 재기한 뒤에는 유감스럽게도
구성이나 필치, 글씨 등 모든 면에서 예전의 면모를 보이지 못했다. 그런
면에서 그는 기억상실증이라는 천형으로 전성기를 놓쳐 버린 '비운의 화
가'였다.

백윤문, 〈축수도〉(1940)

남과 북에서 공명을 누린
서화가 이석호

1945년 해방 후 광복된 조국은 민족주의 진영과 사회주의 진영 간의 극단적인 이념 대립으로 치달았다. 미술계도 보수적인 민족진영과 급진적인 진보세력으로 나뉘며 혼란에 빠진다. 이러한 혼돈은 1948년 정부수립 이후 약간 진정되지만, 한국전쟁이 발발하자 각기 이념에 입각한 진영 논리에 따라 남과 북으로 나뉘는 발단이 된다.

분단으로 인해 친구들이었던 서양화가 김환기, 이중섭李仲燮(1916~1956) 등은 남쪽에 남고, 김용준金瑢俊(1904~1967), 이쾌대李快大(1913~1965), 최재덕崔載德(1916~?), 정현웅鄭玄雄(1910~1976) 등은 북쪽으로 향한다. 또한 동양화가 중에서도 장우성, 배렴 등 보수적 성향의 인물은 역시 남쪽에 남고 이석호李碩鎬(1904~1971), 정종여 등은 북쪽으로 향한다. 이런 극단적인 만남과 헤어짐은 이후 한국 미술사 방향의 추를 정반대의 극지로 몰아간다. 남북 분단은 두 지역의 미술을 완전히 새로운 모습으로 나아가게

1

이석호, 〈괴석에 국화〉(1940년대)

하는 결정적 계기가 된다.

　양쪽 미술가들은 처음에는 각각 새로운 이념에 맞는 미술로 전환하며 신념에 찬 새로운 삶을 시작한다. 그러나 이상과 현실은 다른 법, 괴리감을 느낀 이들은 대부분 행복한 삶을 살지 못한다. 분단 전에 상당한 권위를 누렸던 이들은 지속해서 권력을 누리지 못했고, 오히려 대단한 능력을 가지지 못했으나 새로운 사회에 적응한 이들이 전면에서 열심히 활동하게 된다.

　이러한 현상은 사회주의 노선을 택한 북쪽에서 더욱 강했다. 분단 전에 남쪽 미술계에서 대단한 권위를 가졌던 김용준, 이쾌대 등은 얼마 후 역사의 전면에서 사라진 반면, 정현웅, 이석호, 정종여 같은 화가들은 북쪽에 가서도 여전히 중요한 역할을 맡았다.

이당 김은호가 나서
끌어들인 제자

　　　　　북쪽으로 간 화가들 중 가장 뚜렷한 활동을 보인 동양화가는 일관一觀 이석호이다. 이석호는 이당 김은호의 문하에 백운문 다음으로 이른 시기에 입문한 서화가이다. 김은호와 만났을 때 이미 서예를 익혀 이름이 있던 그는 재주를 눈여겨 본 김은호가 자신의 화숙으로 끌어 들여 제자로 삼은 특이한 경우이다.

　이석호는 본래 경기도 안성 출생으로 농사를 짓는 집안에서 태어났다. 어려서 정규 교육을 제대로 받지 못한 그는 한문 사숙에서 한문과 서예를 배우며 훌륭한 서화가가 되기를 꿈꾸었다. 일찍이 서울로 올라와 서예가로 활동했는데, 1928년 무렵부터 김은호의 문하생이 되었다.

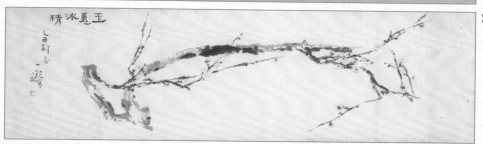

• 이석호, 〈원동부여〉(1945) •• 이석호, 〈매화〉(1945)
••• 이석호 외 6인 합작, 〈군방도〉(1948)

이석호는 본래 서예와 문인화에 집중했으나 김은호의 화숙에 다니며 점차 채색화에 전념한다. 그래서인지 보통 이석호의 초기 작품세계를 평가할 때 전통적 채색화법을 배웠다고 기술하나, 실제 그의 작품을 보면 김은호의 다른 제자와는 매우 차이가 난다. 그의 작품 소재와 주제는 산수화에서 꽃·새·동물 등 여러 방면에 걸쳐 있다. 이들 작품은 북종화 계열이라기보다는 남종화에 기반을 둔 채색화처럼 보이는 것이 많다.

기법 면에서 보면 이석호는 섬세한 공필工筆 채색화를 잘했다고 전하지만, 오히려 그의 장기는 문인화적 요소가 강한 채색화였다. 이는 그가 본래 서예에 깊이 빠져 일가를 이루고 있었으므로 서예에서 나오는 '문기文氣'가 스며 있기 때문일 것이다. 특히 꽃보다는 가지 중심이던 그의 매화 작품은 잔가지의 굴곡이 심하게 표현되어 회화적 분위기를 한껏 내고 있다. 화제 글씨 또한 수준급이어서 대개 높은 격조를 보인다.

이석호는 김은호의 화숙 낙청헌에서 멀지 않은 안국동에 단칸 셋방을 얻어 처자와 생활하면서 그림과 글씨를 익혔다. 그는 천성이 과묵해 말이 별로 없고 침착한 편이었다. 체격이 건장하여 곰같이 우직한 모습이었다고 한다. 하지만 그의 글씨와 그림은 누구보다 간결하고 섬세하여 마치 여성의 서화를 보는 듯했다. 또한 큰 체격답게 유도가 3단이었으나 품성이 양전하여 자신의 실력을 조금도 내색하지 않았다고 한다.

이석호는 1929년부터 서화협회전에 출품했고, 1934년부터는 조선미술전람회에 거듭 입선했으나 실력에 비해 뛰어난 성적을 거두지는 못했다. 문인화적 취향이 강한 그의 작품이 당시 화단의 경향과 잘 맞지 않았기 때문으로 보인다.

1936년에는 김기창·장우성·조중현趙重顯(1917~1982)·이유태李惟台(1916~1999) 등과 김은호의 제자들 모임인 후소회를 조직하여 1943년까지 회원

작품전을 여섯 차례 가졌다.

1948년에는 당시 뜻을 함께하던 친구들과 중요한 전시회를 개최한다. 이석호, 김기창, 정종여, 이팔찬李八燦(1919~1982), 이건영李建英(1922~?), 조중현, 박래현朴崍賢(1920~1976) 등 7인이 모여 동화화랑에서 연 '동양화 7인전'이 그것이다. 이 전시회는 반응이 좋았던 데다 친구들의 호흡도 좋았다. 이들은 서로 힘을 합쳐 회원들을 규합하여 '서울동양화연구소'를 개설했다. 모두가 그림에 대한 욕구가 절실했던 때라, 이 연구소 시절에 그린 작품들 중에 뛰어난 작품들이 많았다고 한다.

주변에서 모두 놀란
뜻밖의 월북

한국전쟁이 일어나기 직전, 당시 진보적 지식인들 중 사회주의 사상에 경도된 많은 이들이 북쪽을 택해 월북한다. 보란 듯이 사회주의를 주창했던 인물뿐 아니라, 때로는 자신의 색채를 잘 보이지 않던 진중한 지식인들 중에도 상당수가 북쪽을 택해 놀라움을 주었다. 화가 김용준이나 시인 정지용鄭芝溶(1902~1950) 등은 그리 급진적인 성향의 예술가들이 아니었는데도 북쪽을 택해 많은 사람들을 놀라게 했다.

이석호가 사회주의 사상을 택해 월북한 것 또한 매우 의외의 일이었다. 그는 평소 체격이 크고 남성적으로 보였지만 품성은 유순했고, 사상적인 면에서도 크게 두드러진 활동은 하지 않았다. 그런데 전쟁이 일어나자 이석호가 의외로 북쪽의 편에서 자신의 뜻을 피력하여 많은 이들이 아연했

이석호와 그 부인
《조선의 화가 리석호의 화첩》(예술교육출판사, 1992)

다고 한다.

이석호의 후배로 역시 김은호의 문하생이던 장우성은 이석호가 사상의 전환을 보인 순간을 회고록에서 자세히 설명하고 있다. 장우성에 따르면 이석호는 좌우 갈등이 심각하여 사람들이 나름대로 자기주장을 드러내던 해방 후 혼란기에도 별로 자기 속을 내보이지 않았다. 그런데 한동안 행적이 묘연해지더니 한국전쟁이 터지기 2개월 전쯤 이른 식전에 자신의 집으로 찾아왔다. 조그만 손가방을 들고 밀짚모자를 푹 눌러쓴, 면도도 하지 않은 초췌한 모습이었다.

이석호는 별말 없이 방으로 들어와 대뜸 세수할 물을 달라고 청했다. 너무 오랜만에 만나 그동안의 행적을 물으니 더듬거리며 대답을 피하더니 가방 속에서 조그만 화첩을 꺼내더니 거기에다 그림을 한 폭 그려달라고 했다. 아침상을 차려주며 화첩을 두고 가면 그려 놓을 테니 다시 와서 가져가라 했다. 그랬더니 시간이 없다며 당장 그려달라는 것이다. 그래서 아침상을 물리고 즉석에서 그림을 그려주니 황급히 일어서서 휭하니 사라졌다. 필시 북쪽으로 넘어가 헤어지게 될 것을 생각하고 친구들의 그림을 한 점씩이라도 받아가려 한 것으로 생각된다.

북한 조선화의
주체적 기준으로 인정받아

이석호는 북한에서 조선미술가동맹 중앙위원회 조선화분과위원장과 평양미술대학 조선화과 초빙교원 등을 지내며 사회주의 아래의 북쪽에서도 성공한 미술인이 된다.

　대개 북쪽으로 넘어간 화가들은 새로운 정치체제하에서 새로운 형식의 미술활동을 벌인다. 개인적인 정서보다는 체제의 정치적 목적을 위한 도구로서의 미술을 지향하면서, 사회주의의 집단적 삶을 옹호하거나 정치적 목적을 찬양하거나 지도자의 삶을 우상화하는 그림 등 주로 목적을 위한 미술활동을 수행하게 되는 것이다. 이전에 서정적 취향의 그림을 그렸던 김용준, 정종여 등의 작가들이나 자연친화적인 인상파 미술에 경도되었던 김주경金周經(1902~1981), 길진섭吉鎭燮(1907~1975) 등 서양화가들도 모두 사회주의 리얼리즘에 입각한 작품을 그릴 수밖에 없었다.

　그런데 이석호는 이런 분위기 속에서도 그동안 자신이 지녀온 미술세계에서 크게 벗어나지 않는 그림을 그렸다. 참으로 이해하기 어려운 장면이다. 당시가 정치적 선전물로서의 그림을 만들어낼 수밖에 없는 시대였

음에도 이석호만은 자연을 소재로 한 낭만적 성향의 그림을 그릴 수 있었던 것은 매우 이색적인 일이었다.

다른 월북 화가들과 달리 이석호의 작품활동은 제법 많이 알려져 있다. 그는 북쪽에서도 좋은 대접을 받으며 지냈고, 1971년 사망한 후 20여 년이 지난 1992년 평양 예술교육출판사에서 《조선화 화가 리석호의 화첩》이라는 대형 도록을 출판하는 등 특별한 대접을 받는다. 이 도록에는 그의 작품 1,000여 점 중 200여 점의 풍경화와 화조화가 실려 있다.

당시 경제적으로 어려웠던 북한에서 이렇게나마 좋은 화집을 낼 수 있었던 것은 김정일의 배려가 있었기 때문이다. 이석호의 작품은 특히 김일

이석호, 〈백두산〉(1959)
《조선의 화가 리석호의 화첩》(예술교육출판사, 1992)

이석호, 〈소나무〉(1966)

《조선의 화가 리석호의 화첩》(예술교육출판사, 1992)

성, 김정일 부자가 좋아하여 그가 세상을 떠나자 김정일의 지시로 전시회를 열고 도록을 내도록 했다고 한다.

북한이 이석호를 이만큼 떠받드는 데에는 특별한 이유가 있다. 북한이 늘 자신들이 조선화의 전통적인 화법이라 자랑하는 '몰골沒骨기법'을 다른 기법들과 배합하여 당의 주체적인 문예사상에 맞게 발전시켜 나가는 데 이석호의 공적이 컸다고 생각하기 때문이다.

사실 몰골기법은 새로운 것이 아니라 예부터 있어온 외곽선을 그리지 않고 먹이나 채색의 번짐을 활용해 대상을 그리는 동양화 기법을 말한다. 일본 근대기의 '신남화'에서 유행한 '몽롱체朦朧體'가 이를 이용해 만든 화풍이다.

당시 북한 화단은 조선화의 과제로 화조화, 풍경화뿐만 아니라 인물화에도 몰골기법을 널리 도입하여 효과적으로 표현하는 것이 조선화의 민족적 형식을 사회주의적 내용에 맞게 발전시켜 나가는 것이라고 생각했다. 북한 미술계가 도록을 만든 이유도 여기에서 찾을 수 있다. 이석호의 몰골기법을 후배 화가들에게 올바로 전승시키고자 했던 것이다. 이에 따라 이석호의 몰골법은 북한 조선화의 기준이 되었다. 북한 화단은 이러한 방법론을 북한 미술의 주체의식이라 생각했다.

이 도록을 살펴보면 그가 남긴 작품들의 다양한 면면을 볼 수 있다. 본래 이석호의 특징인 치밀하고 섬세한 화조화와 사실적인 채색이 더해진 풍경화도 있고, 단순하면서도 감각적인 소품들도 간간이 끼어 있다. 특히 인상적인 작품은 백두산, 금강산을 그린 산수화와 소나무를 그린 그림이다. 백두산과 금강산 그림은 북한의 자랑인 명산을 기리는 의식을 담은 작품이다. 특히 금강산 그림은 한국전쟁 전 서울에서 활동할 때부터 즐겨 그리던 것인데, 북으로 간 다음부터 더욱 열정적으로 그린 듯하다. 기법적인 면으로 보면 서울에서 활동하던 때 사용하던 일본화풍 수묵 몽롱체의 기반 위에 중국화의 활달함을 차용하여 자신만의 색채를 만드는 데 성공한 것으로 느껴진다.

소나무를 그린 대작들도 눈에 띈다. 푸른 채색을 인상적으로 구사한 소나무 그림들은 정교하기도 하려니와 사실적 묘사가 매우 생동감을 준다. 이러한 그의 소나무에서는 중국 채색화와 차별화되는 자신만의 개성이 느껴진다. 이는 후대 북한 화가들이 소나무를 그림의 주요 소재로 활용하는 데 많은 영향을 준 것으로 보인다.

이 밖에 수많은 화조 작품들도 있는데, 모두 서예로 닦은 이석호의 유려한 필치가 잘 발휘되어 있다. 대체적으로 고른 수준을 보이는 것으로 보아 이석호는 북쪽에서도 안정된 생활을 유지하며 화가로서의 삶을 잘 산 듯하다. 그런 면에서 이석호는 일제강점기와 남북 분단이라는 어려운 시대를 겪었지만, 체제가 다른 남북 양쪽 모두에서 화가로서는 비교적 행복한 삶을 누린 것이 아닌가 싶다.

장애를 극복한
의지의 화가 김기창

근대기 문화계에서 시인 이상李箱(1910~1937)과의 우정으로 많은 화제를
불러 모았던 서양화가 구본웅具本雄(1906~1953)은 선천적인 척추 장애를
가졌으나, 미술로 인생의 희망을 이어나간 특이한 인물이었다. 그는 '한
국의 로트렉'이라 불리며 한국 화단에 '야수파' 화법의 그림을 소개한 상
징적 인물이 되었다.

　서양화단에 구본웅이 있었다면 동양화단엔 운보 김기창이 있다. 김기
창은 어려서 병을 앓으며 얻은 귀가 들리지 않는 천형과 한평생 함께 하
면서도 많은 훌륭한 작품을 남겨 한국 미술사에 한 획을 그었다. 그는 남
다른 창작 욕구로 한 곳에 머무르지 않고 새로운 미술의 경지를 찾아나서
결국 이뤄내고야 마는 불굴의 의지를 보였다.

어머니 손에 이끌려
이당 문하에 입문

　　　　　　김기창의 미술계 입문은 어머니 한윤명의 애정
에서 시작한다. 김기창은 여유 있는 집안에서 태어났으나, 8세 때 앓은
장티푸스로 청신경 마비가 와 소리를 듣지 못하게 된다. 승동보통학교에
들어갔으나 청각 장애로 수업을 제대로 듣지 못해, 시간이 날 때마다 공
책에 사람, 나무, 새 등 그림을 그렸다. 아들이 그림에 관심이 있음을 알
게 된 어머니는 그림을 가르칠 수 있는 방법을 생각한다.

　김기창의 집이 있던 창덕궁 앞 운니동 주변에는 고희동, 김은호 등 유
명한 화가들이 살고 있었다. 김기창의 집안은 독실한 기독교 집안으로 인
사동 승동교회에 다니고 있었다. 교회에 나가던 어머니는 마침 같은 기독
교인으로 안동교회에 다니는 유명한 화가가 이웃에 산다는 것을 알게 되
었다. 바로 300미터 정도밖에 안 되는 가까운 권농동에 살던 이당 김은호
였다. 김은호는 이미 임금의 어진을 그려 '어진화가'로 불리던 유명한 화
가였다.

　어머니는 김기창을 데리고 김은호의 집 낙청헌을 찾아가 지도를 부탁
한다. 이때가 1930년, 김기창의 나이 17세 때였다. 김기창은 그림에 타고
난 재주가 있어 실력이 하루가 다르게 나아졌다. 화실에 나가 그림을 배
운 지 반 년 만에 당시 미술계 등용문이었던 조선미술전람회에 출품하여
입선하기까지 한다. 귀가 들리지 않는 몸으로 입선한 것이 화제가 되어
신문에 대서특필되기도 했다. 이때부터 그는 승승장구하여 김은호의 대
표적인 제자로 일약 이름을 떨치게 된다. 어머니는 그런 아들에게 '운포
雲圃'라는 호를 지어준다.

김기창, 〈전복도〉(1934)
《운보 김기창》(경미출판사, 1980)

조선미술전람회에서
일본인 스승과의 만남

　　　　　　　김기창은 1931년 10회 조선미술전람회에서 처음으로 입선한 후 한 해도 빠뜨리지 않고 연속 수상했다. 1937년 특선한 후 4회 연속 특선하여 추천작가가 된다. 특히 제16회 조선미술전람회에서는 〈고담古談〉이라는 작품으로 최고상인 창덕궁상을, 17회에서는 〈하일夏日〉이라는 작품으로 총독상을 수상하기도 한다. 이후 추천작가로서 1944년 마지막 전람회까지 계속 출품한다. 처음 입선한 후 한 번도 빠지지 않고 조선미술전람회에 출품한 것이다.

　1935년 조선미술전람회에는 일본 화단에서도 유명했던 화가 노다 규호野田九浦(1879~1971)가 심사위원으로 참석했다. 노다 규호는 수상자 중 뛰어난 솜씨를 선보인 김기창에게 많은 관심을 보였다. 김기창은 노다 규호의 칭찬에 감복하여 새로운 미술세계가 있음을 짐작하고 노다 규호를 따르기 시작한다. 그는 조선미술전람회나 다른 전시가 없는 한가한 때에 도쿄로 가 노다 규호의 화숙을 찾는다. 그의 화숙에서 역사화나 채색화 또는 일본의 새로운 미술사조인 신남화 등을 보며 자신의 미술세계를 되돌아본다.

　김기창은 이후 여러 번의 일본행에서 많은 것을 느끼고, 김은호의 미술세계에서 벗어나 새로운 그림을 그릴 것을 결심한다. 이미 일본의 동양화단에는 전통적인 일본화에서 벗어나 자유롭고 창조적인 면이 강한 '신일본화'가 자리잡고 있었다. 젊은 미술학도인 김기창은 도쿄에서 이러한 풍조에 강한 매력을 느껴 자신의 미술세계를 바꾸기로 결심한다.

　그동안 스승의 영향을 받아 단정한 필치로 북종화풍의 얌전한 그림을

김기창, 〈가을〉(1934)
《운보 김기창》(경미출판사, 1980)

그렸던 것에서 벗어나, 자신의 장점인 강한 필선은 살리되 빠른 획을 중심으로 생동감 있는 화면을 나타내고자 많은 노력을 했다. 글씨도 김은호의 영향을 받아 단정한 필체에서 자유롭게 획을 구사하는 특유의 글씨체로 바꾸기 시작했다.

당시 한국에서는 이러한 글씨를 쓰는 이가 없었다. 김기창이 새로 쓰기 시작한 글씨는 일본 최고의 화가라 불리던 도미오카 뎃사이富岡鐵齋(1837~1924)에서 시작하여 그의 영향을 받은 많은 일본인 화가들이 쓰던 특이한 필체였다. 이런 새로운 형식으로의 변화는 스승의 품안에서 벗어나겠다는 의지의 표명이기도 했다.

장안의 화제, 신여성 화가
박래현과의 결혼

일본을 오가며 미술공부를 하던 김기창은 촉망받는 여류화가 박래현과 사귀며 결국 결혼에까지 이른다. 이들의 연애와 결혼은 당시 화단의 최고 화제였다. 촉망받는 화가였으나 귀가 들리지 않는 장애가 있는 청년과 도쿄로 유학한 신여성 화가 박래현의 사랑은 마치 드라마의 한 장면처럼 낭만적이었다.

두 사람이 처음 만난 것은 1943년이었다. 당시 박래현은 24세로 도쿄에 있는 여자미술전문학교 3학년에 재학 중이던 재원이었다. 그는 화명을 날리던 김기창을 만나려 운니동 김기창의 집으로 찾아갔다. 김기창이 50세가 넘은 나이 많은 화가로 생각하여 인사차 갔던 것이다. 허나 김기창의 나이는 30세밖에 되지 않았다.

김기창·박래현 결혼 사진
《운보 김기창》(경미출판사, 1980)

첫눈에 반한 김기창은 박래현이 도쿄로 돌아가자 계속 편지를 보내 그녀의 환심을 산다. 김기창의 4년간의 끊임없는 열정에 박래현도 처음에는 '바위 덩어리처럼 시커먼 물체'처럼 보였던 그에게 애정을 느끼게 되어, 결국 두 사람은 4년 뒤 결혼한다. 결혼한 두 사람은 부부 이전에 예술적 동반자였다. 미술에 대한 열정이 대단했던 두 사람은 서로를 존중하면서 미술세계를 넓혀갔다. 같은 공간에서 살며 작업하다 보니 두 사람의 예술세계는 서로 다른 듯 닮아갔다. 마치 피카소와 브라크의 그림이 서로 닮아 예술의 동반자임을 드러냈듯이, 김기창과 박래현의 그림은 어느 시기까지 서로 비슷한 면을 많이 보였다.

해방 후에는
추상화로 기울어져

김기창과 박래현은 해방과 한국전쟁을 거친 이후에 추상미술에 경도되어 한동안 비구상 미술에 심혈을 기울인다. 전후 화단에서는 앵포르멜Informel, 곧 비정형非定形 회화가 대유행했다. 두 사람도 세계적 흐름에 따라 자신들의 미술세계를 새롭게 했다. 두 사람의 추상 작업은 기하학적 추상보다는 화면에 서정적이고 감성적인 느낌을 강조하는 데 중점을 두었다. 격정적이고 주관적인 호소력을 담은 서구의 표현주의적 추상예술과는 달리 이들의 그림은 매우 부드럽고 따뜻한 색채 감각의 화면을 보였다.

1

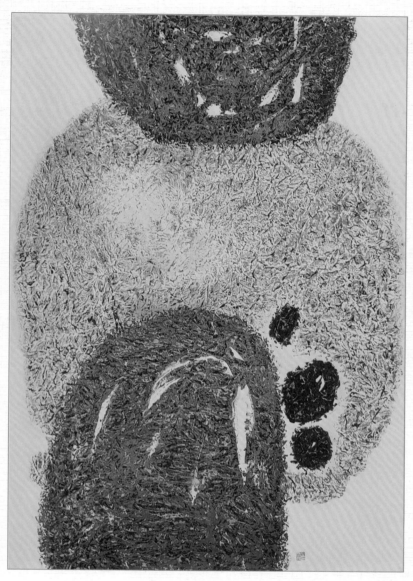

김기창, 〈청자의 이미지 2〉(1965)
《운보 김기창》(경미출판사, 1980)

기독교 신앙과
성화聖畵 제작

김기창은 모태신앙의 기독교인이었다. 그럼에
도 주역周易이나 관습적 금기에 의지하는 반 기독교적 모습을 보이기도
했다. 그는 사주나 명리학에도 많은 관심을 가졌다. 그는 어떤 일을 할 때
늘 때와 시를 보았다. 급기야는 아내 박래현朴崍賢의 이름이 좋지 못하다
고 생각해서 한자 이름을 '朴崍賢'으로 바꾸기도 했다. 그러면서도 종교
적으로는 늘 기독교에 기대어 살았다.

1952년 한국전쟁이 한창일 때 김기창은 기독교인 필생의 대업으로 예
수의 일생을 그릴 것을 결심한다. 지난한 전쟁의 고난이 그리스도의 수난
과 같다고 생각한 탓이다. 그는 이스라엘 사람으로서의 예수가 아닌 한국
인으로서의 예수를 그리기로 마음먹고 등장인물이나 배경을 모두 한국
적인 풍경으로 바꾸어 그렸다.

종교적인 주제라 풍속화 특유의 해학보다는 고결하면서도 신앙적인 독
백이 가득 들어가 있다. 이 예수 일대기는 모두 30장으로 이루어져 있는
데, 한국의 종교화로서 최고의 경지에 있다 할 수 있는 작품이며 김기창
의 예술세계를 대표한다고 해도 손색이 없는 걸작이다.

1

김기창, 〈최후의 만찬〉(1952)

《운보 김기창》(경미출판사, 1980)

현대 동양화의 갈 길을 제시한
'바보 산수'

　　　　　　　김기창의 회화적 업적을 꼽으라면 아무래도 말년에 주로 작업한 '청록산수'와 '바보 산수'를 들 수 있다. 청록산수는 김기창의 이름을 가장 유명하게 만들었고 가장 많이 팔린 양식이다. 1970년대에 시작하여 말년까지 '운보 작품'의 대명사처럼 불린 청록산수는 이전 한국 미술에서는 보기 어려운 미술 형식이었다. 푸른 색조로 산수를 그리고, 그 안에 소를 모는 소년이나 빨래하는 여인을 넣는 형식이었다. 이는 엄청난 인기를 누려 동양화 붐을 이끌었다.

　김기창의 청록산수는 대중의 인기는 얻었으나 뛰어난 예술성을 가졌다고 평가받지는 못했다. 청록산수는 우리 화단에서는 새로운 양식이었으나 이미 일본에서는 오래전부터 많이 구사했던 보편적인 그림이었다. 한국 화가들에게 많은 영향을 끼쳤고 김은호의 스승으로도 유명한 유키 소메이結城素明(1875~1957) 같은 일본 화가들이 이와 비슷한 그림을 그렸다. 초록색과 푸른색은 특히 교토 지방의 남화에서 산수를 그릴 때 가장 중심이 되는 색조였다.

　김기창 스스로도 이 청록산수에 만족스럽지 않았던 모양이다. 그가 살아 있을 때인 1980년에 출판된 그의 도록을 보면 청록산수가 한 점도 실려 있지 않다. 많은 이들이 찾아 유명하게 된 그림이지만 자신이 추구한 미술세계를 오롯이 담고 있는 것이란 생각은 하지 않은 듯하다.

　'청록산수'보다 김기창의 미술을 한 차원 높인 것으로 평가받는 작품 형식은 단연 '바보 산수'이다. '바보 산수'는 한국의 전통적인 회화양식인 민화를 재해석한 것으로 1975년경부터 그리기 시작했다. 김기창은 민

김기창, 〈청산도〉(1967)

〈김기창〉(갤러리현대, 2000)

김기창, 〈새벽 종소리〉(1975)

《운보 김기창》(경미출판사, 1980)

화를 매우 좋아하여 많은 작품을 수집하기도 했는데, 이런 과정을 통해 자신의 작품에 대한 영감을 많이 얻었다.

김기창의 '바보 산수'는 그저 민화의 내용을 차용한 수준이 아니었다. 오랫동안 화업의 길을 걸으며 체득한 '한국적인 것'에 대한 열망과 예술가로서의 감흥이 맞물려 이루어진 표상이었다. 실제 그의 '바보 산수'는 도식적인 민화와 달리 해학과 익살을 담고 있으면서도 대범한 붓의 활용과 뛰어난 채색 등으로 새로운 미술 갈래를 창조해냈다.

'바보 산수' 속에는 인간과 자연이 조화롭게 공존하고 있다. 미술이 인간의 삶에서 어떤 것을 보여줘야 하는지를 잘 담아낸 작품 형식이다. 어쩌면 김기창은 모든 것이 서구화되는 어려운 시대에 현대 동양화가 어떤 길로 나아가야 하는가를 보여주려 한 것인지도 모른다. 뿐만 아니라 그는 한자의 형태를 추상화하여 '문자화文子畵'도 개발하려 했다. 이 같은 김기창의 끊임없는 창조적 노력은 많은 화가들이 본받을 만한 일이다.

다만 일제강점기 말 일본 제국주의의 정책에 협조했던 친일 행위에 대해서는 어떠한 방식으로든 해결해야만 한다. 이는 그의 스승인 김은호의 친일 행위와도 연결된다. 한국 근대 미술계의 가장 큰 줄기인 이들에게 이러한 큰 오점이 있다는 것은 참으로 아쉬운 일이 아닐 수 없다.

한국 문인화의
정형을 정립한 장우성

월전 장우성은 한때 한국 문인화의 상징이었다. 기품 있는 그의 그림이 절제된 동양 정신을 보여준다고 생각하여, 많은 애호가들이 좋아했다. 저명한 집안의 안방마님들뿐만 아니라 외국 공관의 대사 부인들도 그에게서 그림을 배우는 등 그의 존재는 한국 문인화의 대명사와도 같았다.

실제 그는 자신의 집안에 대한 자부심이 대단하여 선대에게 무한한 존경을 보냈다. 자신의 집안은 대대로 선비 가문이었으며, 증조부는 의병활동을 했고, 조부는 그에게 재정적 지원을 했으며, 부친도 한학에 밝았다는 것이다. 그는 늘 이런 집안의 배경과 자신의 문인화 정신을 연결시켜 자부심을 보이곤 했다.

장우성은 경기도 여주에서 태어나 어려서 조부와 부친으로부터 한학을 배우기 시작한다. 천성이 다정다감하여 자연과 함께하기를 좋아했는데, 특히 달밤을 좋아했다. 집안에 유독 책이 많아 법첩法帖을 보고 글씨

를 쓰기도 하고, 옛그림을 보고 베끼다가 아버지에게 들켜 꾸중을 듣기도
했다고 한다.

이당 김은호의
문하에 입문

        13~4세경 어머니와 서울 외가에 왔다 발전된
서울의 모습을 보고 자극을 받아 일본어를 배우려 하자, 부친은 일본 사
람 앞잡이가 되기보다는 차라리 환쟁이가 되라며 그림 그리는 것을 허락
했다. 마침 건넛마을에 살고 있던 이당 김은호의 매부가 김은호의 문하에
서 공부할 수 있도록 주선했다. 이에 그의 부친은 서울로 떠나는 아들에
게 달을 좋아하는 마음을 담아 '월전月田'이라는 호를 지어주었다.

  1930년 서울에 올라온 장우성은 종로 단성사 뒤쪽 봉익동에서 하숙을
하며, 창덕궁 앞 권농동에 있는 김은호의 화숙 낙청헌에 들어간다. 그때 나
이 19세 때였다. 당시 낙청헌에는 백윤
문, 이석호 등 선배들이 있었고, 동년배
로는 김기창이 두어 달 먼저 들어와 있
었으며, 조용승曺龍承(1912~1946), 한유
동韓維東(1913~2002), 장운봉張雲鳳(1910
~1976), 조중현, 이유태 등도 있었다.

장우성
ⓒ 문선호

장우성은 낙청헌에서 김은호에게 그림을 배우는 한편, 당대의 명필 성당惺堂 김돈희가 운영하는 '상서회尙書會'에 나가 글씨도 배운다. 여기에서 소전素筌 손재형을 처음 만나 평생지기로 지낸다. 두 사람은 10년의 나이 차이가 났으나 서로 뜻이 맞아 가까이 지냈다. 널리 알려져 있듯 서화골동에 조예가 깊었던 손재형은 장우성이 훗날 서화골동에 눈을 뜨는 데 많은 역할을 한다.

서화협회전·
조선미술전람회에서의
활약

장우성은 낙청헌에서 서화 공부를 시작한 지 1년 만에 두각을 나타내기 시작하여 서화협회전과 조선미술전람회에서 바로 입선에 든다. 1932년 제11회 조선미술전람회로부터 1944년에 이르기까지 계속해서 상을 받고 1936년에는 백윤문, 김기창, 한유동, 조중현, 이석호, 이유태 등과 함께 김은호 제자들의 모임인 후소회를 만든다. 이후 장우성은 김기창과 함께 김은호 문하의 가장 영향력 있는 두 축으로 성장한다.

이 시기에 그린 작품으로 1930년에 그린 〈귀목歸牧〉이라는 작품이 남아 있다. 1935년 제14회 조선미술전람회에서 입선한 작품으로 망태를 멘 소년이 날이 저물자 소를 몰고 돌아오는 그림이다. 식민지 한국의 풍경을 서정적으로 묘사하여 당시 조선총독부가 주창한 '향토색'을 구현한 전형적인 작품이었다. 식민지의 진취적 기상보다는 한국의 원초적

1

장우성, 〈귀목〉(1935)
국립현대미술관 소장

풍습과 소박한 풍경을 담은 그림을 통해 한민족이 미개한 민족임을 주지시키려는 의도라는 비판을 받는다.

조선미술전람회가 후반기에 접어들고 일본이 벌인 전쟁이 격화되던 1940년 서울에 전시 최대 관변기구인 '국민총력조선연맹'이 발족한다. 그러자 조선미술가협회는 총독부 정보과와 국민총력조선연맹의 후원을 받아 1942년 11월 '반도총후미술전람회'를 개최하기 시작하여 1944년까지 3년간 지속한다. 장우성은 1943년에 〈부동명성왕상〉이라는 작품을 제작하여 출품했으나, 운반하는 도중 소나기를 만나 작품이 망가져버려 출품이 무산되었다.

또한 장우성은 1944년 3월에 열린 '결전미술전' 일본화부에도 작품을 출품한다. 이때 출품된 작품들은 당연히 '시국색時局色'이 강했다. 이러한 경력은 훗날 장우성이 친일파로 낙인찍히는 데 결정적 역할을 한다. 이에 대해 장우성은 당시 한국화단에서 성적이 좋은 화가들만 차출되었기 때문이라고 항변했지만 '친일 미술인'이라는 주홍글자를 지우지는 못했다.

이 시기에 그린 작품으로 남아 있는 중요한 작품은 1943년 제22회 조선미술전람회에 출품하여 '창덕궁상'을 받은 〈화실畫室〉이다. 자신의 화실 풍경을 그린 작품으로, 작품 속 인물은 장우성과 그의 아내이다. 한복을 입고 책을 보고 있는 아내는 평소 모습이라기보다는 모델로서의 모습으로 보인다.

한 장소에 함께 있으면서도 서로 다른 곳을 쳐다보는 눈길이 화면에 긴장감과 변화를 준다. 서양식 복장을 하고 담배 파이프를 문 화가와 한복을 입고 서양 책을 보고 있는 아내의 부조화가 당시의 현실을 반영한 듯하다.

장우성, 〈화실〉(1943)
삼성미술관 리움 소장

해방 후 교육자로서도
큰 자취

　　　　　　장우성은 1945년 해방이 되자 새로운 물결에
자연스럽게 동참한다. 조선미술건설본부 위원이 되었으며, 1946년에는
배렴, 이응노, 김영기金永基(1913~1999), 이유태, 조중현 등 당시 화단의
중추 세력들과 동양화의 혁신을 목적으로 '단구미술원檀丘美術院'을 조직
했다.

　얼마 후 서울대학에 미술학부가 만들어지자 김용준과 함께 교수가 되
어 1946년부터 1961년까지 재직한다. 1949년에 대한민국미술전람회가
창설되자 초대작가, 심사위원으로 위촉되었으며, 1981년까지 국전 추천
작가, 초대작가, 심사위원을 역임하며 화단의 중심 역할을 했다.

　1950년 한국전쟁이 발발하자 이듬해 종군화가로 중부전선에 종군했
다. 전쟁 후에도 그의 역할은 줄어들지 않아 1953년에 이충무공기념사업
회의 위촉으로 이순신 장군의 영정을 제작하여 표준영정으로 지정되었
다. 이후 국가적인 기념물로서의 영정을 많이 제작했다.

　1957년 장우성은 자신이 재직하고 있는 서울대학교 개교 10주년 기념
으로 작품 한 점을 기증한다. 서울대학교의 학생들이 교정에 있는 모습을
그린 〈청년도靑年圖〉라는 작품이다. 인물들을 큰 화면의 전면에 꽉 채워
그린 그림으로, 전후의 어려움에 벗어나 희망에 찬 젊은이들을 그리려 한
것으로 보인다.

　작품 속 인물은 대부분 현대적인 모습을 하고 현대적인 옷을 입고 있
다. 그런데 아랫쪽 한 여학생은 한복을 입고 있다. 근대와 현대의 과도기
에 있던 학교의 모습을 잘 보여준다. 여섯 명의 학생들이 화면 전면을 가

장우성, 〈청년도〉(1956)
서울대학교미술관 소장

득 채운 모습이 과감하고, 각기 다른 인물들의 표정에서 생동감이 느껴진다. 특히 화사하면서도 부드러운 색감은 장우성의 예민한 감성을 느끼게 한다.

말년의 감각적인
문인화들

장우성은 1961년에 서울대학교 미술대학을 사직한 이후에도 활발한 활동을 펼쳤다. 1963년 미 국무부 초청으로 워싱턴에서 개인전을 열고, 미국인들에게 3년여 동안 문인화를 가르치기도 했다. 귀국한 후에도 여전히 국가기관의 일을 많이 맡았다. 1974년에는 세종대왕기념관에 〈집현전학사도〉를 그려주고, 1975년에는 국회의사당 벽화 〈백두산천지도〉를 제작하는 등 뛰어난 대작을 여럿 남겼다.

이 시기에 그린 대다수의 작품은 주로 '문인화'라는 화풍으로 정리된다. 장우성의 작품은 김기창의 청록산수, 허건許楗(1908~1987)의 남종산수화, 박노수朴魯壽(1927~2013)의 감각적인 문인화 등과 함께 한국 화단에서 동양화가 중심을 지키는 데 중요한 역할을 했다.

특히 그의 장미, 달밤의 매화, 수선화 등 간결한 그림은 대중들에게 가장 인기 있는 품목이었다. 단정한 필치와 고운 색감, 정감 있는 소재와 넉넉한 여백의 아름다움으로 현대 문인화의 격조를 보여주었다.

또한 장우성은 인간이나 동물의 감각적인 순간을 포착하여 그 속에 현대인의 삶의 애환을 녹여내는 그림도 자주 그렸다. 특히 고양이와 원숭이, 개와 학 그림이 인상적이다. 이는 그가 평소에 관심을 가졌던 중국의

• 장우성, 〈백매〉(연도 미상) •• 장우성, 〈노묘〉(1968)

이천시립월전미술관 소장

장우성, 〈오염지대〉(1979)

이천시립월전미술관 소장

팔대산인八大山人 주답朱耷(1624~1703), 신라산인新羅山人 화암華嵒(1683~ 1756), 한국의 안중식, 변상벽卞相璧(1730~1775) 등의 그림에서 받은 영향으로 보인다.

화난 고양이를 그린 〈노묘怒猫〉에서 달았던 "아마 이 고양이가 크게 한 번 소리치면 세상의 모든 도둑질하는 쥐들이 다 도망가리라"라는 화제는 작품이 단순한 고양이 묘사가 아니라 인간 세상에 대한 풍자였음을 알 수 있게 한다.

그의 풍자는 점차 폭을 넓히며 원숭이만도 못한 인간의 모습을 비꼬거나 현대 인간들의 변모된 모습을 그리기도 했고, 뱀을 잡아 먹는 황소개구리를 그려 주객이 전도되어 가는 세태를 표현하기도 했다. 이러한 그의 그림은 문명화된 사회 속에서 소외되어 가는 인간의 삶을 구원하고픈 예술가의 마음에서 나온 것으로 보인다. 또한 휴전선 철조망을 통해 분단된 조국의 현실을 보여주기도 하고, 갈 길 몰라 하는 병든 새들의 뒤틀린 모습을 통해 현실의 부조리를 일깨우기도 한다.

그중 〈오염지대〉는 인간이 편리를 위해 추구한 근대화가 만들어낸 공해의 폐해를 비판한 작품으로 유명하다. 인간의 문명이 만들어낸 독한 폐수는 강과 바다를 더럽히고, 산천의 초목들을 말려 죽였다. 그 안에 사는 사람들과 가축 또한 서서히 죽어간다. 장우성은 이러한 모습을 죽어가는 한 마리 학에 빗대어 표현하고 있다.

기력을 잃어 날갯죽지조차 들지 못하는 한 마리 학의 모습이 애처롭다. 결국 그 안에서 죽어갈지도 모르는 상황임에도 인간은 현실을 뉘우치지 않고 있다. 장우성의 그림에는 이 같은 모습에 대한 비판이 담긴 듯하다. 어쩌면 그는 자신의 그림을 문명화된 세상에서 인간성 회복을 위한 마지막 비상구라고 생각했는지도 모르겠다.

한국적 인상파 화법을 완성한
화가 오지호

일제강점기 종로 계동 초입에 있던 휘문고등보통학교(이하 휘문고보)는 유난히 뛰어난 예술인들을 많이 배출했다. 문학가로는 소설가 박종화朴鍾和(1901~1981), 이태준李泰俊(1904~1970), 김유정金裕貞(1908~1937), 이무영李無影(1908~1960) 등이 나왔고, 시인으로는 정지용, 김영랑金永郞(1903~1950), 오장환吳章煥(1918~1951) 등 근대기를 수놓은 뛰어난 시인들을 배출했다. 미술계에서도 서양화가로는 서동진徐東辰(1900~1970), 안석주安碩柱(1901~1950), 이쾌대, 오지호, 이마동李馬銅(1906~1981) 등이 있었고, 조각가 김종영金鍾瑛(1915~1982)도 휘문고보 미술교사 장발의 권유로 조각을 전공했다. 뛰어난 도안가이자 디자이너 임숙재任璹宰(1899~1937)도 이곳 출신이었고, 화가이자 미술사가인 윤희순尹喜淳(1908~1937), 고서화 수장가로 유명한 전형필도 모두 휘문고보를 다녔다.

고희동을 만나
그림 배우기 시작

오지호는 1905년 전남 화순 동복면에서 유복한 집안의 막내로 태어났다. '오지호'라는 이름은 훗날 30대부터 사용한 필명이고, 본명은 '오점수吳占壽'이다. 형제들이 일찍 죽자 요절을 걱정한 부친이 항렬자를 포기하고 지은 이름이라 한다. 그의 부친은 일본 유학을 다녀온 선각자로 후에 보성군수를 지내기도 했다.

오지호는 어려서부터 독선생을 두고 공부하며 자존심 강한 아이로 자랐다. 동복보통학교를 다닐 때부터 빼어난 미술 실력을 보여 칭찬을 들었

오지호와 그의 부인 지양진
ⓒ **문선호**

던 그는, 졸업 후 한동안 부친 곁에서 서당을 다니며 한문 공부를 했다. 1919년 민족의식이 투철했던 부친이 고종의 죽음과 3·1운동을 겪으며 절망 끝에 자결하는 것을 목격하고 큰 충격을 받는다.

부친이 세상을 떠나자 오지호는 새로운 세계로의 탈출을 꿈꾼다. 때마침 전 해에 신설된 전주고등보통학교에 입학한다. 혼자된 어머니 가까이 있어야겠다는 마음에 서울 대신 전주를 택한 것이다. 그러나 전주고보에서의 생활은 점차 시들해졌다. 그는 일 년 반 만에 싫증을 느끼고 새로운 도약을 위해 1921년 서울에 있는 휘문고보에 편입시험을 거쳐 들어간다.

오지호는 휘문고보에서 많은 친구를 사귀며 활기찬 학창 시절을 보낸다. 특히 같은 반의 이무영, 선배 정지용, 후배 이태준, 이마동 등과 어울리며 원대한 미래를 꿈꾼다. 당시 오지호는 휘문고보 근처 계동에서 하숙하고 있었는데, 친구들이 자주 몰려와 놀기도 하고 토론을 하는 등 교분을 쌓았다.

오지호는 휘문고보에서 인생에서 가장 중요한 결심을 하는 계기를 맞는다. 한국 최초로 도쿄미술학교 서양화과로 유학을 다녀온 고희동을 만난 것이다. 그는 고희동에게 인정을 받으며 많은 영향을 받는다. 하지만 한편으론 서양화 작업을 이어가지 못한 스승의 모습에 실망하기도 한다. 오히려 3학년 때 처음 접한 나혜석의 활동에 큰 감명을 받는다.

1922년 18세에 어머니의 주선으로 광주 부호의 딸인 지양진池良珍과 결혼한다. 이듬해인 1923년 휘문고보 4학년 때 나혜석羅蕙錫(1896~1948), 이종우李鍾禹(1899~1981), 백남순白南舜(1904~1994), 이제창李濟昶(1896~1954) 등이 중심이었던 '고려미술원'에서 미술 공부를 한다. 그는 가까이 지내던 경성제일고보의 김주경, 중앙고보의 김용준 등과 함께 그림 수업을 받는다. 그는 특히 도쿄미술학교 출신인 이제창의 지도를 자주 받았다.

1

1924년 마지막 학년인 5학년 때 일본 도쿄미술학교를 목표로 김주경, 김용준 등과 중앙고보에 있던 이종우 화실에 다니기 시작한다. 그때 이종우는 도쿄미술학교를 졸업하고 중앙고보 미술교사를 하고 있었다. 그의 학교 아틀리에는 실기실로는 환경이 좋아 여러 화가와 학생들이 드나들었다. 오지호는 이곳에서 주로 목탄으로 석고 데생을 하며 두 달간 열심히 공부했다.

도쿄로 떠난 유학

1925년 3월 드디어 세 사람은 청운의 꿈을 품고 현해탄을 건넌다. 그러나 도쿄미술학교 입시는 생각과 달리 그리 녹록치 않았다. 사범과를 지망한 김주경은 합격했으나, 오지호와 김용준은 서양화과에 낙방하고 만다. 한국에서 연마한 자신들의 실력이 부족했음을 뼈저리게 느끼게 한, 쓴 약 같은 좋은 경험이었다.

오지호는 재수를 위해 입시 준비를 전문으로 하는 가와바타미술학교에 들어가 1년간 열심히 입시를 준비한다. 다행히 이듬해인 1926년, 김용준과 함께 도쿄미술학교 입학에 성공한다. 이곳에서 눈코 뜰 새 없이 공부하던 중 평양 출신 한국인 선배 화가인 김관호의 작품 〈해질녘〉을 보고 감동하여 그와 같은 작가가 되기를 바란다.

1928년 3학년이 되자 오지호는 당대 일본 최고의 화가로 유명한 후지시마 다케지의 교실로 들어간다. 그는 평소 그의 과묵한 성격과 인상파에 충실한 뛰어난 작품 역량에 매료되어 있었다. 후지시마 다케지 또한 오지

오지호, 〈임금원〉(1937)
《오지호 작품집》(전남매일신문사, 1978)

호의 능력을 눈여겨보고 있었다.

1929년경에는 마침 영친왕英親王(1897~1970)이 일본에 있었다. 영친왕도 그림 그리기를 좋아하여 후지시마 다케지에게 배우고 있었다. 한번은 영친왕이 도쿄미술학교를 방문했는데, 후지시마 다케지는 그에게 오지호의 그림을 사도록 권했다. 그림값을 생각보다 많이 주어 한동안 오지호는 물감 걱정을 하지 않고 그림을 그릴 수 있었다고 한다.

당시 한국에서는 전해에 도쿄미술학교 사범과를 졸업하고 귀국한 김주경이 장석표張錫豹(1903~1958) 등과 함께 '녹향회綠鄕會'를 결성하여 활동하기 시작했다. 이 단체는 민족미술 수립을 위해 노력했던, 민족적 색채가 강한 모임이었다. 오지호는 첫 창설 때에는 참여하지 못하고, 이듬해부터 참석하기 시작한다. 그러나 이 녹향회도 1932년 제2회전을 끝으로 막을 내리고 만다.

해방 후 조선대학교에서
후진 양성

1932년 일본 도쿄미술학교를 졸업한 오지호는 한동안 고향 동복에 머물다가 1933년 다시 서울로 올라온다. 그는 종로에 새로 생긴 동화백화점 광고부에서 일을 시작한다. 가족을 서울로 불러들이며 열심히 했으나 적성에 맞지 않아서인지 1년여 만에 그만둔다. 그때 마침 개성 송도고등보통학교 교사로 있던 김주경이 권해 개성으로 가게 된다. 경성제일고보 출신인 김주경이 모교로 가며 뒷자리를 부탁한 것이다. 그는 1935년부터 1944년까지 이곳에서 교편을 잡는다.

오지호, 〈처의 상〉(1936)

《오지호 작품집》(전남매일신문사, 1978)

그는 개성으로 오자마자 '오점수吳占壽'라 쓰던 이름을 '오지호吳之湖'로 바꾼다. 본명이 화가로서 좋아 보이지 않아 스스로 호를 지어 이름으로 쓰기 시작한 것이다. 오지호는 개성에서 마음껏 자연의 풍광을 화폭에 담는다. 그 스스로도 훗날 이 시절이 인생에서 가장 즐거웠다고 말하곤 했다.

송도고보 교사 시절, 방학이 시작되자 그는 김주경과 함께 만주로 사생 여행을 떠난다. 2개월이나 지속되었던 이 여행은 그에게 생각을 넓혀주는 뜻깊은 여행이었고, 이때 본 것을 그림으로 남기기도 했다. 위궤양으로 죽을 고비를 맞기도 했으나 이를 단식과 강한 의지로 극복하고 특유의 회화이론을 발전시켜 나갔다.

1938년 친구 김주경과 공동으로 한국 최초의 원색화집인 《오지호·김주경 2인 화집》을 내는 대단한 성과를 이룬다. 이때부터 그는 '순수회화론'이라는 미술론을 《동아일보》에 발표하며 미술에 관한 글을 쓰기 시작한다. 그러나 이러한 오지호의 활동은 1940년 일본이 태평양전쟁을 벌이려는 전조가 시작되며 끝이 난다.

일제는 한국인들에게 창씨개명을 요구했다. 대부분의 송도고보 교사들이 창씨개명을 했으나 오지호는 이름을 바꾸지 않고 '오점수'란 본명을 그대로 사용하며 "구레(吳)라고 읽으면 될 거 아니냐!"고 쏘아붙였다 한다. 이 일로 그는 '불령선인不逞鮮人'으로 찍혀 일본 경찰의 감시를 받게된다. 1941년 일본의 진주만 습격으로 태평양전쟁이 일어나고 오지호의 활동도 어려워진다. 그렇게 몇 년을 지낸 후 1945년 결국 일본은 패망하고 한국은 광복의 환희를 맞는다.

광복 후 오지호는 김주경 등과 함께 조선미술건설본부에 참여하는 등 해방기 화단에서 열심히 활동했다. 그러나 좌익과 우익이 첨예하게 이념적 대립을 거듭하며 화단이 분열하기 시작하자 회의를 느끼고 1948년 광주로 낙향한다.

그러던 중 마침 1948년 광주 조선대학이 당시 지방대학으로선 드물게 미술과를 설치한다. 당시 설립자가 오지호를 찾아와 교수로 참여할 것을 권유하자 제자를 키울 욕심에 수락한다. 그는 순전히 예술가적 정열만으로 교수 역할을 하며 58년 그만둘 때까지 10년 동안 호남 서양화단을 이끌며 숱한 인재를 길러냈다.

한국 최초의
서양화 화집 발간

오지호가 1938년 도쿄미술학교 동문인 김주경과 함께 한국 최초의 원색 화집을 발간한 것은 한국 미술사에 영원히 기록될 특별한 사건이었다. 《오지호·김주경 2인 화집》이라 이름 지은 이 화집은 한성도서주식회사에서 발행했다. 오늘의 기준으로 보아도 매우 호화로운 도록이었던 이 화집은 놀랍게도 두 사람의 자비로 발간했다.

화집 속에는 오지호와 김주경 두 사람의 작품 각 10점이 실려 있고, 오지호의 글 〈순수회화론〉과 김주경의 글 〈미와 예술〉이 수록되어 있다. 이 화집이 중요한 것은 여기에 실린 작품이 현재 거의 전하지 않는다는 데 있다. 김주경 작품은 한 점도 전하지 않으며, 오지호의 그림은 〈시골소녀〉, 〈임금원林檎園〉, 〈처처妻의 상상像〉 등 세 점만 전한다. 다행히 도판들이 모두 원색이라 원본의 느낌을 느낄 수 있어 자료로 더욱 중요하다.

화집 속 김주경의 초기 작품 경향은 서정적 사실주의에 가깝다. 인상파 경향의 화법이나 매우 밝은 색감을 주로 사용하고 있어, 그의 감정적 성향이 어떠함을 보여준다. 1935년경부터 프랑스 인상주의 화법의 본질에 입각한 신선하고 밝은 색채와 빛의 미학에 따른 화면을 제대로 보여주기 시작한다.

오지호의 작품은 김주경에 비해 더욱 인상파 화법에 가깝다. 한국 특유의 맑은 공기와 청아한 자연미를 명랑하고 투명한 색채로 표현했다. 《오지호·김주경 2인 화집》 속에 수록된 두 사람의 작품은 1930년대 유럽의 인상파 화법이 일본을 통해 어떻게 유입되었는지를 보여준다는 면에서 매우 중요한 자료이다.

《오지호·김주경 2인 화집》(한성도서주식회사, 1938)의 표지와 속표지

자연스런 한국적 풍경 담은
후기 작품들

　　　　　오지호는 도쿄미술대학에서 공부했지만 후기 작품에서는 스승 후지시마 다케지가 구사했던 일본화된 인상파 화법보다는 오히려 조선 후기 전라도에서 일어난 남종화의 경향과 유사한 모습을 보이기도 한다. 추사 김정희의 제자인 소치 허련은 김정희가 세상을 떠난 후 낙향하여 새로운 그림세계를 보인다. 그동안 그려왔던 중국식 남종화 대신 조선적인 남종화를 그리려 애쓴 것이다. 산세나 물길을 그려도 소박한 조선적 풍경이 느껴지는 화면을 구성했으며, 필치도 세련되기보다 투박하면서도 거친 느낌을 구사했다. 이러한 모습은 허련의 아들 허형許瀅(1861~1939)에서 그 아들 허건에 이어지고, 방계 후손인 허백련에까지 이어진다.

　이 중에서 특히 허백련이 추구하는 미술세계는, 동양화와 서양화라는 차이는 있지만 추구하는 미술세계는 오지호와 비슷한 모습을 보인다. 허백련은 허형에게서 그림을 배우다 일본에 유학하여 일본의 신남화를 배운다. 그러나 신남화를 배우는 것이 한국인으로서의 정체성을 잃는다는 민족적 자각에 따라 귀국하여 다시 한국적 그림을 그리려 애쓴다. 결국 오랜 노력 끝에 자신만의 독특한 미술세계를 만들어낸다. 오지호 또한 허백련과 마찬가지로 가장 한국적인 자신만의 독창적인 화풍을 위해 부단히 애쓴다. 특히 후기에 이르면 특별히 뛰어난 명승보다는 한국 어디에서나 늘 볼 수 있는 풍경과 주변 가까이에 있는 사물을 그린다. 이런 평범한 소재를 그리면서도 다른 이들에게서는 찾기 어려운 격조를 보여준다. 오지호의 붓 끝에는 별스럽지 않은 소재조차 특별하게 보이게 하는 재주가

오지호, 〈내장산 설경〉(1975)

《오지호 작품집》(전남매일신문사, 1978)

있었다.

1974년에 있었던 부인과의 유럽 여행은 오지호의 회화세계에서 매우 중요한 순간이었다. 그는 유럽을 다니며 본 풍경을 그림으로 남겼는데 이때 제작된 작품들의 수준이 매우 높다. 특히 독일 함부르크에서 본 항구의 풍경이나 프랑스 파리의 거리 풍경을 그린 작품들은 구성이나 색감 면에서 오지호 특유의 인상파 화법의 절정을 보여준다.

대부분의 근대 서양화가들이 일본에서 인상파 화법을 단순히 수입하는데 바빴으나, 그는 자신만의 변별적인 화풍을 만들어내려 애썼다. 그의 그림에는 다른 작가들이 흉내 내기 어려운 자연스러움이 있다. 어쩌면 그의 작품에서 보이는 이런 자연스러움이 '한국적인 풍경화'의 모습일지도 모르겠다.

해방 후 좌익 미술계를 이끌었던 길진섭

2020년 덕수궁미술관에서 열린 국립현대미술관 설립 50주년 기념 "'광장: 미술과 사회 1900~2019' 1부, 1900~1950"전은 1900년에서 1950년에 이르기까지 제작된 작품들을 보여주는 중요한 전시였다. 조선의 문인화 정신을 계승한 서화를 비롯하여 박수근朴壽根(1914~1965), 김환기, 이중섭 등 한국 근대 서양화 발전기를 장식한 뛰어난 작가들을 선보였다.

길진섭, 〈자화상〉(1932)
도쿄예술대학미술관 소장

이렇듯 뛰어난 많은 양화洋畫들 사이에서 유독 눈에 띄는 작품이 하나 있다. 월북한 서양화가 길진섭의 〈자화상〉이다. 이 〈자화상〉은 길진섭의 도쿄미술학교 졸업 작품으로 현재 도쿄예술대학 미술관에 소장되어 있다.

당시 도쿄미술학교는 졸업 작품으로 '자화상'을 제출하는 전통이 있었다. '자화상'의 존재는 학교 졸업 여부와 밀접한 관계가 있었던 것이다. 고희동, 김관호, 김찬영金瓚永(1889~1960) 등 초기 유학생과 김용준, 황술조黃述祚(1904~1939), 길진섭 등의 자화상은 개인의 초상화로서도, 한국 근대 미술사의 자료로서도 매우 중요한 의미를 갖는 작품이다.

도쿄미술학교,
아방가르드 양화연구소에서
공부하다

길진섭은 1907년 평양에서 태어났다. 당시 평양은 한국 근대 기독교의 발상지와 같은 곳이었다. 길진섭의 아버지는 초기 기독교 개척자 중 한 명으로 3·1운동 민족대표 33인 가운데 한 사람인 길선주吉善宙(1869~1935) 목사였다.

3·1운동으로 옥고를 치르기도 한 아버지의 영향으로 민족정신을 가슴 속에 새긴 길진섭은 1921년 평양 숭실중학교에 입학한 후 미술에 뜻을 두기 시작한다. 그는 미술을 공부하기 위해서는 서울로 가야 함을 느끼고 서울로 이주하여 한동안 미술 수업을 받기 시작한다. 1925년부터는 김관호와 김찬영이 평양에 설립한 '삭성회朔星會 회화연구소'에 다니

며 서양화를 배운다.

이 시기 길진섭의 화가로서의 활동은 1921년에 시작된 서화협회전과 1922년에 창설된 조선미술전람회에 집중되어 있었다. 당시 서양화가로 입신할 수 있는 통로는 이 두 전람회뿐이었기 때문이다. 그는 1921년부터 1925년까지 서화협회에 출품했으며, 1925, 27, 28년에는 조선미술전람회에 출품하여 입선하기도 했다.

그러나 길진섭은 공부의 미진함을 느끼고 일본의 도쿄미술학교로 유학을 떠난다. 1932년 도쿄미술학교 서양화과를 졸업한 뒤 귀국하여 서울에 정착한 그는 종로구 익선동 166번지에 살았다. 현재 젊은이들이 환호하며 많이 모이는 익선동 한옥마을 한복판이 그의 집이었다.

1936년의 간노 유이코, 길진섭, 쓰루미 다케나가, 김환기
도쿄국립신미술관 소장

서울에서 활동하던 길진섭은 얼마 후 다시 도쿄로 건너가 '아방가르드 양화연구소'에 들어간다. 당시 아방가르드 양화연구소는 세계적 명성이 있던 일본인 화가 후지타 쓰구하루藤田嗣治(1886~1968)가 선생으로 재직하면서 초현실주의 등 새로운 미술 사조를 가르치던 단체였다. 이곳에서 후배인 김환기와 김병기金秉騏(1916~)를 만나 함께 공부하며 훗날까지 가장 가까운 친구로 지낸다.

또한 길진섭은 이곳에서 만난 일본인 여학생 간노 유이코管能由爲와 연인으로 발전한다. 이들은 아방가르드 양화연구소가 문을 닫자 도쿄에서 '백만회白蠻會'라는 단체를 조직해 전위적인 미술을 연구하기도 한다. 그러나 이 단체는 얼마 되지 않아 문을 닫고, 길진섭의 갑작스런 귀국으로 간노 유이코와의 만남도 끝을 맺는다.

목일회 활동과
《문장》지 창간 참여

길진섭이 한국으로 돌아와 열정적으로 활동한 미술모임은 '목일회牧日會'이다. 목일회는 1934년 이종우, 장발, 구본웅, 김용준 등과 함께 만든 양화 단체이다. 그는 목일회를 조직하고 전람회를 열면서 1930년대 미술운동을 주도한다. 그러나 '목일회'는 '목일牧日'의 '일日'이 일본을 의미하는 게 아니냐는 일본 당국의 의심에 따라 1937년부터는 '목시회牧時會'로 이름을 바꾼다.

이때부터 길진섭은 관전官展인 조선미술전람회에 출품하는 것을 꺼려하고 서화협회전에만 출품했다. 어려서부터 아버지에게 물려받은 민족

정신과 목일회 사건을 겪으며 일본인들에게 느낀 반감이 함께 작용한 것으로 보인다. 이러한 반일의식은 훗날 남북 분단 과정 중 사회주의를 택하는 단초가 되었을 가능성이 크다.

그는 1936년에는 도쿄에서 열리는 일본 문부성미술전람회에 〈모자母子〉라는 제목의 작품을 출품, 입선하여 화제가 되기도 했다. 이어 1940년에는 서울에서 첫 개인전을 갖는다. 그때 평론가 윤희순은 《매일신보》에 "현대적 표현 감성이 돋보이는 작품들"이라고 평하며 길진섭의 작품에 대해 호의적인 평가를 내렸다.

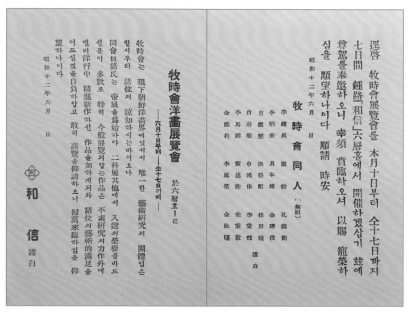

'목시회 양화전람회' 안내지(1937)

또한 길진섭은 일본 유학을 하며 친분을 쌓은 시인 정지용, 도쿄미술학교 동문인 화가 김용준 등과 각별히 친하게 지냈다. 1939년에는 이들과 문예지 《문장文章》을 창간하여 디자인 편집위원으로 일했다. 당시 그는 여인, 꽃, 풍경 등 일상적인 소재를 주로 그렸는데, 간결한 필치와 풍부한 감수성을 보여준다.

남한 미술계 대표로
북에 올라갔다가 정착

해방이 되자 1946년에 서울대학교가 개교되고 미술학부가 생긴다. 이때 길진섭은 김용준 등과 함께 미술학부 교수로 취임했다. 미술계의 새로운 변화에도 적극 참여하여 조선조형예술동맹 부위원장, 조선미술동맹 서울지부 위원장 및 중앙위원장을 지내면서 좌익 성향의 미술인들을 이끈다.

이러한 성향 때문인지 그는 1948년 8월 해주에서 열린 남조선 인민대표자대회에 남한 미술계 대표로 몰래 입북했다. 이후 다시 남쪽으로 오지 않고 북한에 정착하여 평양미술학교 교원을 지내며, 조선미술가동맹 중앙위원회 부위원장 등을 역임한다. 그가 북쪽으로 간 것은 사회주의 사상에 경도된 것도 있지만, 본래 고향인 평양을 찾아간 인간적인 면도 있었을 것이다.

이후 북한에서의 활동에 관해서는 자세히 알려지지 않고 있다. 북쪽 자료에 따르면 길진섭은 당의 주체적 문화사상과 문예방침에 맞춰 사상적·예술적으로 우수한 작품을 창작하여 조선미술 발전에 이바지했다는 평가

길진섭, 〈정물〉(1930)

〈해금작가 유화〉(신세계미술관, 1990)

를 받는다. 그러나 그의 평소 성격이나 작품의 성향을 보면 전체주의적 성향이 강한 북한의 체제에 순응하기는 쉽지 않았을 것으로 추측된다.

시인 이상의
데드마스크를 뜨기도

길진섭과 관련된 이야기로 가장 관심을 끄는 것 중 하나는 시인 이상이 숨을 거두었을 때 그의 데드마스크를 떴다는 이야기이다. 화가 김병기의 술회를 기록한 책 《백 년을 그리다》(윤범모, 2018)에 따르면 이상은 불령선인不逞鮮人으로 찍혀 일경에 체포되어 고초를 겪고 겨우 풀려난다. 이 후유증으로 폐병이 도져 도쿄제대 부속병원에 입원했으나 애석하게도 스물일곱의 나이에 세상을 떠나고 만다.

이때 특이하게도 이상의 데드마스크를 뜨자는 의견이 나와 길진섭이 시신이 된 이상의 얼굴에 기름을 바르고 석고를 덮는 작업을 했다. 석고가 굳은 뒤 벗겨냈더니 얼굴에 바른 기름이 모자랐던지 수염이 몇 가닥 같이 뽑혀 나와 그때서야 친구들이 "정녕 이상이 죽었구나" 하는 생각이 들어 더욱 슬퍼했다고 한다. 이 데드마스크는 이후 어디로 갔는지 행방을 알 수 없다.

한편 1949년 12월 신문에는 남쪽에 있던 예술가가 북쪽으로 간 예술가에게 '자유를 찾아오라'고 충고하는 내용이 실렸다. 김만형金晩炯(1916~1984)이 북쪽으로 간 길진섭에게 소식을 전하는 이야기였다.

미술계를 위해 군과 손잡을 대가는 무엇이던가? 오직 기만당했다는 분개뿐이다. 대한민국엔 철의 장막도 없고 속박도 없으며 모든 문화인들은 자유롭게 각자의 기능을 발휘하고 있다. 자유가 그립지 않은가. 북한 괴뢰집단의 모략과 기만을 군도 넉넉히 짐작했을 터인즉 군 자신의 진실로 돌아가 자유의 나라 대한민국으로 다시 돌아오라.

그런데 이 일이 있은 얼마 후 한국전쟁이 터지고 결국 김만형도 월북하고 만다. 어찌 흘러갈지 아무도 모르는 게 세상사 아닌가 싶은 일화이다. 도쿄에 있는 제국미술학교를 수석 졸업한 김만형이나 명문 도쿄미술학교를 졸업한 수재 길진섭이 북쪽으로 넘어간 것은 한국 미술계로서는 참으로 아쉬운 일이 아닐 수 없다.

월북한 감성적 모더니스트
최재덕

평안북도 정주의 오산고등보통학교를 졸업한 이중섭은 일본으로 건너가 도쿄의 문화학원을 다닌다. 졸업 후 귀국하여 한때 원산에서 지내다가 한국전쟁이 일어나자 남쪽으로 내려온다. 이후 부산, 통영, 제주도, 서울 등을 전전하며 극심한 생활고와 정신적 어려움을 겪지만 이를 극복하고 한국 근대 미술사의 한 페이지를 장식하는 뛰어난 작품들을 남긴다.

이중섭이 북쪽 출신으로 남쪽에서 활동할 때, 또 다른 뛰어난 화가 한 명은 남쪽 출신이었지만 북쪽으로 넘어가 활동했다. 그 아까운 인물의 이름은 최재덕崔載德(1916~?)이다. 그는 본래 남쪽 출신이었으나 사회주의 이념을 좇아 한국전쟁이 시작되자 북쪽으로 넘어갔다.

이중섭, 최재덕 두 사람은 동갑인데다 모두 감성적인 성격에 서정적 취향의 그림을 그려 비슷한 점이 많았다. 게다가 신미술가협회라는 미술 단체에서 함께 활동한 가까운 사이이기도 했다. 그래서 이들과 가까이 지냈던 화가 박고석朴古石(1912~2001)은 "최재덕이 북쪽으로 가고 이중섭이 남쪽으로 왔으니 비긴 셈이다"라고 말하며 안타까워하기도 했다.

좌익에서 전향했다
한국전쟁 때 월북

최재덕은 경상남도 산청 출생으로 본관은 전주 全州이며 본명은 최재득崔載得이다. 부유한 집안에서 태어난 최재덕은 서울로 올라와 보성고등보통학교를 다닌다. 고보 졸업 후 도쿄에 있는 다이헤이요미술학교太平洋美術學校에 유학하여 서양화를 배웠다. 미술학교를 졸업한 후 귀국하여 삼청동에 살다가 결혼한 후에는 청운동 2층 양옥집

신미술가협회 회원들과 최재덕(왼쪽에서 두 번째)

김진송, 《이쾌대》(열화당, 1995)

에 거주했다. 아내를 끔찍이 생각하는 애처가로 유명했다.

　화가 최재덕은 1936년부터 1940년까지 조선미술전람회에 출품하여 계속 입선했다. 일본에 머무를 때에는 이과전二科展, 신제작파전新制作派展 등에도 입선하는 등 뛰어난 실력을 보였다. 1941년에는 도쿄에서 이중섭, 이쾌대, 진환陳瓛(1913~1951) 등과 새로운 미술을 지향한 '신미술가협회'를 조직하고 도쿄와 서울에서 작품전을 가졌다.

　서울에 살던 최재덕은 일본에 유학한 화가나 문인들과 가까이 지냈다. 특히 화가인 김용준과 김환기, 시인인 김광균金光均(1914~1993)·오장환 등과 가까이 지냈다. 김용준에 따르면 최재덕은 김환기의 취미를 따라 백자 수집을 즐겼다고 한다. 그와 어울려다니던 시인 오장환이 최재덕의 소장품 중 명품 하나를 탐내 몰래 가져가려다 걸렸는데, 김용준은 자신의 수필에서 이를 '아름다운 도적'이라 표현하기도 했다.

　광복 후 최재덕은 좌익 계열의 조선미술동맹 간부로 활동하다 곧 전향하여, 1949년 창설된 제1회 대한민국미술전람회 추천작가로 〈산〉이라는 작품을 출품했다. 그러나 1950년 한국전쟁이 일어나자 남침한 공산주의자들을 위해 작업을 하다 결국 그들을 따라 월북했다. 북한 체제에서도 한동안 열심히 활동했으나 1960년대 이후로는 숙청당했는지 활동 상황을 확인하기 어렵다.

서정적 표현 뛰어나나
현전 작품은 소수

　　　　　　　최재덕의 그림은 신선한 색채 구사와 뛰어난 서정적 표현 감각으로 당시에 높은 평가를 받았다. 그러나 남쪽에 남은 작품은

최재덕, 〈하얀 집의 테라스〉(1941)

〈근대미술명품전 2〉(가람화랑, 1995)

대략 10여 점뿐이다. 필자는 다행히 그 중 대부분을 실물로 볼 기회를 가져 최재덕을 이해하는 데 많은 도움이 되었다.

근대 미술 공부를 시작한 지 얼마 안 됐을 때이다. 이름도 생소한 월북 화가 최재덕의 작품 수준이 높다는 것을 알게 되면서 큰 매력을 느끼게 되었다. 그러나 전하는 작품의 수가 너무 적어 작가를 이해하는 데 어려움이 많았다. 기껏해야 개인 소장의 〈어항〉, 〈정물〉, 〈하얀 집의 테라스〉, 〈사슴〉 정도가 알려져 있었다.

이 중 〈하얀 집의 테라스〉라는 작품에는 재미있는 사연이 따라 다닌다. 〈하얀 집의 테라스〉는 본래 1941년 제1회 신미술가협회전에 출품된 작품이었다. 출품 당시에는 지금 전하는 작품의 크기와는 달리 아래로 더 긴 작품이었지만 일제 말과 해방이라는 격변기를 겪으며 아랫부분이 손상된다. 그래서 1948년에 아랫부분을 잘라내고 새로 마무리하여 현재의 작품이 되었다고 한다. 원작과는 매우 다른 구도가 된 것이다. 그럼에도 뛰어난 작품이라 하기에 충분하다.

그렇게 지내던 어느 날 우연히 최재덕과 가까워질 수 있는 다른 계기가 생겼다. 가까운 이가 소장하고 있던 장만영張萬榮(1914~1975)의 시집《유년송》속지에 최재덕이 허수아비를 그린 것을 볼 기회가 생긴 것이다. 이때 처음 최재덕의 실물 작품을 직접 만져보며 그의 체취를 느낄 수 있었다. 미술품은 살아 있는 생명체 같아 직접 손으로 만져 본 이후에는 마치 가족과 같은 느낌을 갖게 되는 마력이 있다. 그때 이후 필자는 마치 최재덕이 친척이라도 된 듯 친근감을 갖기 시작했다.

1

작품 석 점을 한 번에 만나
눈호강

　　　최재덕을 좋아하게 되었음에도 이미 알려진 것
외에는 작품이 너무 귀해 새로운 작품을 보기는 늘 어려웠다. 작품을 찾
을 수 없으니 그의 미술세계를 더 깊이 알기 또한 어려웠다. 그렇게 아쉬
워하던 어느 날 하늘이 내린 듯 그 귀한 최재덕의 작품 석 점을 한자리에
서 보는 행운을 누리게 되었다.

　서화 수장으로 유명한 서교동 풍서헌豊緖軒 선생 댁에 갔을 때였다. 그
집에는 기가 막히게 좋은 그림들이 많았다. 겸재謙齋 정선鄭歚(1676~1759)

최재덕, 〈포도〉(1950)
ⓒ 풍서헌

부터 박수근, 김환기, 이중섭 등 전설적인 화가의 작품이 즐비했다. 훌륭한 작품들 사이에서 황홀경을 경험하며 이런 저런 그림 얘기를 나누었다. 기분이 좋아진 선생은 더 좋은 그림을 구경시켜 준다며 방으로 이끌었다. 그때 보여준 것이 최재덕의 〈포도〉, 〈원두막〉, 〈숲길〉 석 점이었다.

세 점 모두 최재덕의 명성을 증명하듯 빼어난 자태를 지니고 있었다. 그중 〈포도〉와 〈원두막〉을 구한 사연은 한국 미술사의 한 장면으로 기록해도 될 만한 귀한 이야기였다. 본래 이 두 점은 〈설야〉, 〈와사등〉 등으로 유명한 시인 김광균의 소장품이었다고 한다. 최재덕은 김광균의 시집 《기항지》의 표지 장정을 할 정도로 가까운 사이였으니 내력을 알 만했다.

유명한 미술사학자인 동주東洲 이용희李用熙(1917~1997) 선생으로부터 이 작품들을 소개받은 풍서헌은 작품을 구경한 후 구입 의사를 밝혔는데, 소장자도 어느 정도 뜻을 보여 쉽게 이루어질 줄 알았다. 그러나 6개월이 되어도 연락이 없자 풍서헌은 애가 탔다. 혹시 그림이 다른 곳으로 가면 어쩌나 하는 생각 때문이었다. 다행히 얼마 후 미술을 애호하는 풍서헌의 마음에 탄복한 주인으로부터 가져가라는 연락이 와 대가를 지불하고 가져오게 되었다는 것이다.

이 두 작품은 한국 미술사를 통틀어서도 보기 드물게 뛰어난 구성과 색감을 보여주는 작품들이다. 그중 아주 작은 소품인 〈포도〉는 특히 인상적이다. 고급스러운 붉은 색을 배경으로 하여, 투박하지만 안정감 있는 도자기에, 잘 익은 포도 한 송이를 놓은 정물화이다. 천부적인 재능으로 오묘한 색감을 구사함으로써 이루어낸 배경과 사물 간의 조화가 매혹적이다. 작지만 이토록 고급스럽고 격조 있는 정물화가 또 있을까 싶다.

〈원두막〉도 그림 내용이 정겨울 뿐 아니라 구성도 매우 감각적이다. 가로로 긴 화면에 원두막과 사람을 양쪽에 두고 대조적으로 그렸다. 왼쪽에

• 최재덕, 〈농가〉 •• 최재덕, 〈숲길〉(1950)

는 비교적 커다란 원두막 하나를 배치하고, 오른쪽 끝머리에 무엇인가를 인 어머니와 아이가 화면 앞으로 걸어 나오는 모습을 담았다. 뒤로는 어깨동무를 하고 나지막하게 연결된 산들이 배경을 이루고 있어 자칫 단순함에 빠져버릴 수 있는 구도를 잘 채우고 있다.

이런 구성은 일제강점기 조선총독부가 제창했던 향토색의 구현과 밀접한 관계가 있다. 그러나 이 작품은 식민지 한국 풍경의 재현에 매몰되지 않고 구성이나 색감을 세련되게 구사하여 현대적 감각을 보여주는 작가만의 독특한 미덕이 있다. 한국적인 정서와 서구 모더니즘이 잘 혼용된 새로운 감각이 돋보인다. 색채 면에서 전체적으로 황토색과 밤색을 많이 써 한국의 산야와 어울리는 면도 좋다.

〈숲길〉은 〈포도〉와 〈원두막〉보다는 더욱 본격적이고 완성된 느낌을 준다. 한여름은 산과 들판의 푸르름을 형태를 무시하고 추상적으로 색깔의 변주만 조금 주어 화면에 무게감과 균형감을 주었다. 왼쪽에는 세 그루의 나무가 서 있는데 그 넉넉한 자태가 마치 최재덕의 후덕한 모습을 보는 듯하다.

왼쪽 아래에서 시작한 길은 오른쪽으로 가로질러 숲속으로 들어간다. 푸르름이 짙어 길이 좁아졌겠지만 그렇더라도 나무의 풍성함과 우뚝 솟은 것에 비하면 길의 폭은 지나치게 좁다. 보통 예술에서 '길'이라는 명사는 '인생의 길'을 나타내는 경우가 많다. 이 그림에서 보이는 길 역시 다가올 최재덕의 다사다난한 '인생길'을 담은 건 아닌가 싶다.

더욱이 해방공간 시기에 남과 북의 갈림길에서 갈 길을 잃고 헤매다 북을 택했던 최재덕의 방황을 생각하면, 그림 속에서 길이 가로질러 이어지다 결국 북쪽의 어둠을 향해 가는 것이 마치 두세 명의 지식인 화가들이 갈 길을 찾아 고민하다 북으로 건너가는 모습처럼 보이기도 한다.

1

이렇듯 빼어난 감성으로 좋은 그림을 그렸던 최재덕이었지만, 북으로 가서는 자신의 화풍을 제대로 이어나가지 못했다. 그의 감성적이고 예민한 예술적 성향이 사회주의 리얼리즘을 주창하는 북한의 예술론과는 어울리지 않는 면이 많았을 것이다. 그가 계속 남쪽에 남아 그림을 그렸다면 또 어떤 작품을 남겼을지, 아쉬움이 남는 대목이다.

앞서 박고석은 "최재덕이 북쪽으로 가고, 이중섭이 남쪽으로 왔으니 비긴 셈이다"라고 했지만, "이중섭이 북쪽에 남고, 최재덕이 남쪽에 남았으면 또 어땠을까" 하는 생각이 들기도 한다. 혹 두 사람의 위치가 바뀌었다면 어쩌면 남북의 미술이 지금보다 더 풍요롭지 않았을까? 역시 역사에서 가정은 부질없는 짓이다.

근대 나전칠기를 개척한
공예가 전성규

아파트가 나타나기 전까지 우리네 한옥이나 양옥집 안방에는 어느 곳이나 비슷한 가구 하나씩은 있었다. 처음 집을 마련할 때 장만하거나 혼수품으로 준비하던 이 가구는 '자개농' 또는 '자개장'이라 불렸다. 전통적인 나전칠기를 근대식으로 개량한 이 가구는 번듯한 가정의 기준이라도 되듯 한국 근현대기의 안방을 지켜왔다.

그러나 제5공화국 이후 시민의 거주 공간이 현대화된 아파트로 바뀌어 가자 각 집의 안방은 실용적인 서양식 가구가 차지하게 되었다. 약 100여 년 동안 한국인의 삶을 지탱했던 아름다운 자개농은 구시대의 유물이 되었다. 역사 속으로 사라져 가는 근대화의 마지막 뒷모습이었다.

오랜 시간 한국인의 삶과 함께하며 한 시대를 풍미했던 '자개농'은 근대기에 조선의 나전칠기를 세계적인 미술품으로 만들려 노력했던 한 천재 공예가의 발명품이었다. 바로 한국 '근대 나전칠기의 시조'라 할 수 있는 수곡守谷 전성규全成圭(1880~1940)이다.

삼청동 공방에서
어깨너머로 칠기 기술 익혀

전성규의 출신이나 어린 시절에 대해서는 남아 있는 기록이 거의 없다. 일설에 의하면 서울 출신 상궁의 양아들이었는데, 궁궐 출입이 비교적 자유로워 궁중의 공예품을 어려서부터 가까이에서 접했다고 한다.

전성규가 나전칠기를 본격적으로 연구하기 시작한 것은 1918년 39세 때의 일이다. 그는 어느 날 '고전적 조선색'을 가진 나전칠기를 외국에 수출하겠다는 큰 뜻을 품게 된다. 궁중에 진상하는 나전칠기를 만들던 '삼청동 엄嚴씨 공방'에 들어가 배우려 했으나 그들은 절대 가르쳐주지 않았다. 하는 수 없이 공장 부근에서 노는 체하며 눈치껏 배우기도 하고 창문을 뚫고 보며 배우는 등 피눈물 나는 노력을 펼쳤다. 그렇게 한 지 1년 만에 자개 껍질을 닦고 깎고 오리고 박는 법과 칠하는 법을 모조리 배웠다.

전성규에게는 다른 장인들이 갖지 못한 탁월한 재주가 있었다. 나전칠기 제작의 바탕이 되는 '도안圖案'을 다양하고 다채롭게 그려내는 능력이었다. 그는 도안을 구성하는 수준이 다른 이들과 달랐는데, 가장 유명한 것은 '산수문山水文'이었다. 특히 금강산 풍경을 바탕으로 한 도안이 뛰어났다. 그는 도안 재주를 바탕으로 다양하면서도 창조적인 작품을 만들어 낼 수 있게 되었다.

그러던 중 삼청동 엄씨 공방의 경영이 어려워지자 전성규는 때를 놓치지 않고 재빨리 공장을 인수한다. 그동안 전성규를 멸시하던 전통 장인 6인은 이제 거꾸로 그의 밑에서 일하게 되는 처지가 되었다. 그러나 전성규는 이들을 포용하여 삼청동 작업장을 더욱 굳건히 다진다.

특히 그는 작품 제작뿐만 아니라 대량 생산에도 관심이 많아 전 국민이 누구나 사용할 수 있는 나전칠기의 개발에 힘을 기울였다. 호화로운 감상용 작품이 아니라 실생활에 유용한 나전칠기 가구의 상품화를 꾀했던 것이다. 실용적인 가구의 대량 생산이라는 개념은 당시로서는 생각하기 어려운, 개화된 근대인이 가질 수 있는 의식이었다.

일본 조선나전사에서의
새로운 공부

삼청동 작업장이 자리를 잡자 전성규는 1919년부터 김봉룡金奉龍(1903~1994), 송주안宋周安(1901~1981), 심부길沈富吉(1906~1996) 등 재능 있는 제자들을 모아 기술을 전수했다. 이들을 가르치며 수공업 수준을 넘어서 나전칠기의 대량 제조를 목적으로 하는 대규모 공장 경영을 계획한다. 나전칠기의 본고장인 통영에 대규모 공장을 짓기도 했으나 여의치 못하여 실패하고 만다.

전성규는 이에 좌절하지 않고 1920년 김봉룡, 송주안 등 제자들과 일본 도야마현富山縣 다마오카시高岡市에 있는 '조선나전사朝鮮螺鈿社'에 들어가 조선식 나전 기술을 가르치는 한편 새로운 기술과 사업 수완을 배운다. 당시 '조선나전사'는 한국에서 나는 청패靑貝를 사용하여 일본인 취향에 맞는 나전칠기 작품을 만드는 회사였다.

그는 이곳에서 그동안 경험하지 못했던 새로운 환경을 접한다. 그동안 나전칠기의 종주국을 자부했던 한국에서 보지 못하던 좋은 작업장과 과학적 기능이 추가된 새로운 도구의 사용이었다. 특히 시계 공장에서 사용하는 세공용 줄톱의 발견은 그에게 새로운 세계를 펼쳐 보여주었다. 그동안 한국의 공방에서 사용하던 전통적인 도구는 세밀한 작업을 하는 데에는 한계가 있었다. 그런데 금속 세공용 줄톱은 전통적인 톱과는 비교도 할 수 없을 정도의 세밀한 작업을 할 수 있었다. 아울러 나전무늬를 도안화하는 새로운 방법의 습득도 그에게 큰 힘이 되었다. 그는 이러한 배움이 한국 나전칠기 공예를 한층 발전시킬 수 있는 밑바탕이 될 거라 확신한다.

전성규, 〈난초문 화대〉

일본에서 돌아온 전성규는 새로운 도구를 사용하여 이전에 볼 수 없었던 새로운 느낌의 작품을 만들어내며 다시 한번 각광을 받게 된다. 그의 작품은 디자인이 새로웠을 뿐만 아니라, 자개의 세공이 눈부시리만큼 정교하고 아름다웠다. 그의 기술에 창조적 상상력이 더해지며 한층 빼어난 예술품이 태어났다.

나전칠기의 아름다움을
세상에 떨치다

1924년 겨울, 전성규는 느닷없는 소식에 가슴 설렌다. 이듬해인 1925년 5월에 프랑스 파리에서 만국미술공예박람회가 열린다는 것이다. 조선총독부는 당시 새로운 기술로 압도적인 작품을 만들던 전성규에게 출품을 권유한다.

전성규(오른쪽), 김봉룡과
박람회 수상 작품
〈**만국박람회에 입상된 조선의 미술 공예품**〉,
《**동아일보**》 **1926년 1월 17일**

전성규는 제자 김봉룡과 함께 밤낮을 잊고 작업에 몰두하여 화병 한 점과 작은 서랍 그리고 합 등 모두 세 점을 만든다. 제작이 끝나자 전성규는 작품을 직접 들고 도쿄에 있는 농상무성으로 출품을 위해 떠난다. 어려운 상황을 극복하고 그 나전칠기들은 파리에 출품되는데, 김봉룡의 작품이 '은상', 전성규의 작품은 '동상'을 수상하는 영광을 얻는다. 한국인의 공예 작품이 세계적인 대회에서 처음 상을 받은 쾌거였다.

전성규, 김봉룡의 수상은 전적으로 전성규의 노력에 의한 것이었다. 출품을 따낸 것, 출품할 수 있도록 준비한 것 모두 오로지 전성규의 몫이었다. 돈을 마련한 이도 그요, 작품을 제작한 곳도 그의 공방이었다. 그럼에도 불구하고 만들어진 작품 중 한 점은 그의 이름으로, 다른 한 점은 아끼는 제자인 김봉룡의 이름으로 출품하도록 했다. 그만큼 전성규의 가슴은 열려 있었다.

제자 양성에
본격 나서다

　　　　　　　　　　파리 만국공예미술박람회에서 상을 받아 유명해진 전성규는 이후 작품 제작과 함께 후진 양성에 힘을 쏟는다. 1927년 장곡천정長谷川町(현 중구 소공동) 106번지에 4년제의 나전실업소螺鈿實業所라는 나전기술 교육기관을 설립한다. 이곳에서 나전칠기를 배우는 데 걸리는 시간은 보통 3년여였다. 3년 정도는 해야 겨우 도안을 이해하고 작품을 만들어낼 수 있었다.

그러나 나전칠기 장인을 양성하고 제품 제작에 힘썼음에도 나전실업소는 쌓여가는 재정적 어려움을 견디지 못해 결국 문을 닫고 말았다. 세계에 드날렸던 전성규의 꿈은 이렇게 사라지는 듯했다. 한동안 상심하고 있던 전성규는 삼청동 작업실로 돌아와 다시 작업에 몰두하기 시작한다.

이후 그는 1934년과 1937년 조선미술전람회에 나전칠기 작품을 출품한다. 1934년에는 〈나전 벼루집螺鈿硯筥〉을 출품했으며, 1937년에는 〈산수 책상山水机〉을 출품한다. 그가 작품을 출품한 것은 상을 받기 위해서가 아니었다. 이미 그는 조선미술전람회의 심사위원을 할 만한 자격을 갖췄지만, 일본인들의 폐쇄적 운영 때문에 심사에 참여하지 못하고 있었다.

1937년 옻칠로 유명한 평안북도 태천군에 '태천칠공예소泰川漆工藝所'가 설립되자 전성규는 교장으로 부임한다. 그는 이곳에서 나전칠기의 후진 양성을 위해 부단히 노력한다. 개인적으로 창설했던 '나전실업소'의 실패를 거울삼아 훌륭한 칠공예소를 만들기 위해 밤낮으로 일한다. 그러나 애석하게도 후진을 위해 몸을 돌보지 않고 애쓰던 전성규는 1940년에 칠공예소의 발전을 보지 못한 채 세상을 뜨고 만다.

아쉽게 세상을 떠난 전성규는 고려, 조선을 거치며 전통적인 방식을 답습하던 나전칠기를 새로운 기술과 새로운 도구를 받아들여 한층 더 발전시킨 인물이었다. 그는 시계 공장에서 사용하는 서구식 실톱을 사용하는 새로운 방법으로 자개를 여러 장 포개어 동일한 무늬 여러 개를 단번에 썰어 내거나, 무늬 복사용지를 사용하는 등의 혁신으로 작업능률을 향상시킴으로써 전통기법을 개선한 최초의 인물이었다.

작품에 자기 이름을 넣은
최초의 근대 공예가

전성규는 나전칠기에 자신의 이름을 넣어 제작한 최초의 근대 공예가이다. 그러나 아쉽게도 2012년 이전까지는 공식적으로 그의 작품 실물이 알려지지 않았다. 그동안 전설적인 인물로 평가되었던 그의 작품을 확인하기 위해서는 조선미술전람회에 출품했을 당시 도록에 실렸던 두 점의 사진을 보는 길밖에 없었다.

다행히 근래에 일부 연구자들이 찾아내 대여섯 점 정도 확인할 수 있다. 커다란 대궐반 형태의 것이 두 개, 화병을 올려놓는 화대가 두어 점, 합 종류가 또 두어 점 있다. 물론 한 작가의 작품세계를 연구하기에는 턱없이 부족한 수량이다. 그러나 전성규에 대해 새로운 연구가 진척되고 있는 만큼 더 많은 작품이 발굴될 가능성이 많다.

전성규, 〈산수문 책상〉(1920)

현재 전하는 작품 중 가장 규모가 큰 것은 개인 소장의 〈산수문 책상〉이다. 이 작품의 상판에는 전통적인 남종화풍의 산수화가 그려져 있다. 전성규는 나전칠기의 문양을 연구하기 위해 수묵화를 배워 조선미술전람회 동양화부에서 입선하기도 했는데, 이러한 사실을 증명하기라도 하듯 이 작품의 밑그림 솜씨는 여느 화가 못지않게 뛰어나다.

2018년 국립현대미술관 덕수궁관에서 열린 "대한제국의 미술" 전시에 출품된 〈난초문 화대〉 또한 매우 뛰어나다. 이 작품은 꽃병을 올려놓기 위해 제작된 것인데, 상판에 김정희나 이하응, 김응원의 작품을 연상케 하는 뛰어난 난초 그림이 새겨져 있다. 게다가 일본의 '조선나전사'에 있을 때 제작했다는 기록이 붙어 있어 미술사적 가치가 높은 작품이다.

이 밖에 도판으로 전하는 작품들도 모두 수준이 높아서, 전성규의 솜씨가 다른 이들이 따를 수 없을 정도로 대단했음을 알 수 있다. 전통 나전칠기를 새로운 기술로 한층 발전시킨 전성규의 작품이 더 많이 발굴되어 그의 작품세계가 온전히 복원되기를 기대해 본다.

현대 건축의 산실
공간 사옥과 김수근

한국 현대 건축은 김중업金重業(1922~1988)과 김수근金壽根(1931~1986)이
라는 두 명의 걸출한 건축가가 시작했다 해도 과언이 아니다. 김중업은
평양 출신으로 프랑스 파리에서 공부했으며, 함경도 출신의 김수근은 일
본 도쿄예술대학에 유학했다. 두 사람은 각각 유럽과 일본이라는 서로 다
른 환경에서 공부했고, 귀국 후에도 서로 다른 건축을 선보였다.

　두 사람은 유학을 끝내고 귀국한 후 한국의 대표적인 건축물들의 설계
를 도맡아 때로는 협력하고 때로는 서로 경쟁하면서 한국 건축계를 이끌
어 갔다. 김중업을 상징하는 대표적인 건물로는 충정로의 주한 프랑스대
사관이 있으며, 김수근을 떠올리게 하는 대표적인 건물은 자신의 아틀리
에로 설계한 '공간' 사옥이다.

프랑스대사관과
'공간' 사옥에 대한 기억

　　　　　　오래전에 김중업이 설계한 프랑스대사관 건물에 얽힌 재미있는 이야기가 있다. 김중업은 프랑스 파리에 있던 세계적인 건축가 르 코르뷔지에Le Corbusier(1887~1965)의 건축사무소에서 공부했다. 귀국하여 프랑스대사관의 요청에 따라 새 대사관 건물을 설계하기 시작한 김중업은 한국 전통가옥의 선을 모티브로 하여 대사관을 설계했다.

　완성된 건물은 매우 개성 있고 아름다웠다. 만족감을 표한 프랑스대사관은 해마다 열리는 대사관 기념행사에 설계자인 김중업을 늘 초대했고, 김중업이 세상을 뜬 이후에는 후손을 초대하여 대사관 건축에 대한 고마움을 표시했다고 한다. 이후 프랑스대사관 건물은 한국을 대표하는 현대 건축물로 유명해졌다. 프랑스 사람들의 건축가에 대한 예우를 잘 보여주는 일화이다.

　1970년대 후반, 학교에 가느라 버스를 타고 창경궁과 창덕궁을 지나 계동에서 내리면 바로 앞에 독특한 건물이 보였다. 흔치 않은 검은 벽돌에 담쟁이덩굴이 외벽 전체를 감싸고 있는, 특이한 외형 때문에 많은 이들이 궁금해 하는 대상이었다. 이 건물이 바로 김수근이 설계한 자신의 아틀리에 건물, '공간' 사옥이었다.

　'공간' 사옥은 1971년 김수근이 직접 설계하여 건축사무소로 사용한 곳이다. 훗날 한국 건축을 상징하는 많은 건물이 이곳에서 탄생했다. 또한 이곳에서 당시로서는 매우 앞섰던 현대적인 미술잡지《공간》을 발행하기도 했다. 현대미술에 대한 정보가 거의 없던 시절에 잡지《공간》은 한국의 현대미술과 서구의 선진적인 미술이 한국에 유입되어 혼성되는

● 김중업, 프랑스대사관 ●● 김수근, '공간' 사옥

과정을 고스란히 담아, 미술 공부하는 이들에게 많은 도움을 주었다.

'공간' 사옥은 1977년에 증축을 하여 지하에 '공간 사랑'이라는 작은 극장을 만들었다. 이곳에서 수많은 명품 공연이 열려 한국의 대표적인 공연장이 되었다. 지금은 세계적인 공연으로 성장한 사물놀이가 이곳에서 탄생했으며, 특이한 전통 예술인 공옥진孔玉振(1931~2012)의 '병신춤'이 공전의 흥행을 이루며 화제를 만들어낸 곳도 이곳이었다. 이밖에도 클래식 음악, 무용, 연극 등 많은 공연이 이루어지며 '공간 사랑'은 그야말로 예술인들의 사랑방 같은 역할을 했다.

'공간' 사옥의 건축미

'공간' 사옥은 작은 규모지만 이제는 한국을 대표하는 건축물이 되었다. 이 건물의 외관은 검은색 벽돌로 이루어져 퍽 현대적으로 느껴지나, 내부는 가급적 문을 만들지 않고 계단으로 공간과 공간 사이를 연결했다. 한옥의 열린 구조를 본받아 전통과 현대를 절충하여 지은 것이다.

내부 구조를 세밀히 들여다보면 김수근의 공간 개념을 보다 쉽게 이해할 수 있다. 건물 내부의 계단들은 사다리꼴 모양으로 별도의 난간 없이 뚫려 있다. 나선형 계단은 올라갈수록 점점 폭이 좁아지며, 꼭대기 층은 자연광이 들어올 수 있도록 설계되었다. '공간' 사옥의 이러한 형식은 한국 현대 건축이 나아가야 할 방향을 제시했다는 면에서 한국 현대 건축의 대표작 중 하나로 꼽힌다.

김수근, '공간' 사옥

김수근 건축의
빛과 그늘

'공간' 사옥 사무실에서 한국 건축계를 이끌어 온 김수근의 삶에는 빛과 그림자가 뚜렷했다. 수많은 영광을 얻기도 했지만, 그의 독주는 부작용을 낳아 사회적으로 어려운 일을 겪기도 했다. 그는 건축 공부를 시작한 초기부터 승승장구했다. 대학원 시절 이미 국회의 사당 설계 공모에 출품하여 1등을 했다. 하지만 5·16군사정변으로 인해 계획이 백지화되는 바람에 건축은 이루어지지 않았다.

이후 한국의 대표적인 건축가로 자리잡은 김수근은 수많은 건물을 설계했다. 남산 자유센터(1963), 국립부여박물관 구관(1967), 세운상가(1968), '공간' 사옥(1971), 서울 남영동 대공분실(1974), 서울종합운동장(1977), 국립청주박물관(1979), 문예회관(1979), 경동교회(1980), 주한미국대사관(1983), 올림픽공원 체조경기장(1986) 등이 그가 설계한 대표적인 건축물이다.

이 중 초기 작품인 남산 자유센터는 당시에는 짓다 만 미완성 같다는 혹평을 듣기도 했지만, 한국 최초로 본격적인 노출콘크리트 공법을 도입한 기념비적인 건물이다. 또한 장충동에 있는 경동교회 건물은 그의 종교 건축을 대표한다. 기도하는 손 모양을 형상화했다. 깨어진 빨간 벽돌로 된 고풍스런 외형은 신비한 느낌이 들고, 동굴 속 처럼 창문 하나 없는 내부 공간에서는 신성함과 경건함이 느껴진다.

김수근의 많은 건물이 좋은 평가를 받았지만 일부 건물은 국민의 의식과 맞지 않거나, 실용적인 측면에서 문제가 있거나, 도덕적 정당성이 없어서 비판의 대상이 된 건물들도 있다. 대표적인 건물이 1967년에 세운 국립부여박물관 구관과 1974년에 건축한 서울 남영동 대공분실이다.

• 김수근, 남산 자유센터   •• 김수근, 경동교회

국립부여박물관 건물의
왜색 논란

　　옛 국립부여박물관 건물은 갑작스런 왜색倭色 논란으로 승승장구하던 김수근이 성장통을 겪게 된다. 당시는 '일제강점'이라는 상흔이 채 아물지 않아 일본 색채에 대한 거부감이 심하던 때였다. 더구나 그가 일본에 유학한 건축가라 그 혐의는 피할 수 없는 상황이 되고 말았다.

　　김수근은 본래 이 건물을 한국 전통 건축을 바탕으로 짓고자 했다. 하지만 짓고 보니 공교롭게 일본 신사를 닮았고, 정문은 일본 신사의 정문 '도리이鳥居'와 비슷했다. 많은 문화인들이 김수근이 일본에서 공부하여

김수근, 국립부여박물관

왜색을 보인다며 비판했다. 김수근은 자신의 결백을 주장했지만 결국 '왜색'이라는 평가를 바꾸지는 못했다. 이후 김수근은 한국의 대형 건축 프로젝트에서 배제될 정도로 큰 타격을 받았다.

이 사건 이후 김수근은 한옥을 접목하는 시도는 완전히 포기하고, 주로 빨간 벽돌을 사용한 현대적인 건축에 집중한다. 그는 대학로의 문예회관 이나 '샘터' 사옥을 지으며 빨간 벽돌에 대한 애정을 보였는데, 대학로 주변을 모두 빨간 벽돌 건물로 지으면 좋겠다는 생각을 밝히곤 했다.

"독재 정권 영합" 비난 부른 남영동 대공분실

김수근은 부여박물관 왜색 논란 이후 또 한 차례 혹독한 비판을 받는다. 1974년에 지은 치안본부 산하의 '남영동 대공분실' 건물 때문이다. 이 건물로 인해 그는 '왜색 작가'라는 지적에 이어 "독재정권에 영합한 건축가"라는 비난도 받는다.

이 건물은 군사독재에 항거한 인사들이 잡혀가 고문을 받던 곳으로 악명이 높았다. 이 건물은 지금까지도 공공건물 중에서 가장 건축미가 뛰어난 것으로 꼽히지만, 기능적으로는 고문에 최적화되어 있는 건물이란 면에서 보는 이들을 경악케 했다. 김수근은 박정희 정권 시절 국가사업을 거의 독점하다시피 했다. 이러한 상황이 김수근을 독재정권에 부역한 건축가로 만들지 않았을까 싶다.

실제 남영동 대공분실을 보자. 고문실로 사용된 5층의 창문들은 극단적으로 좁게 설계되어 있고, 복도를 따라 마주하는 방의 출입문들은 서로 어긋나게 열리도록 되어 있다. 그리고 모든 방에 욕조를 설치하여 물고문 수단으로 사용되었다. 계단은 나선형으로 설계하여 피고문자가 몇 층인지 혼동하도록 하는 효과를 주었다. 이러한 건물의 특징은 김수근이 처음부터 사람을 고문하여 그 육체와 정신을 파괴하는 데 최적화된 설계를 한 것이라는 극렬한 비난을 피할 수 없게 만들었다.

이렇듯 김수근은 많은 훌륭한 건축물을 설계한 한국 현대 건축계의 대부로 추앙받지만, 한편으론 '왜색'과 '독재에 협력했다'는 비판을 받기도 한다. 이러한 그의 태도는 김중업이 '서울시 개발계획'과 '와우아파트 붕

김수근, 남영동 대공분실

괴 사고' 등을 비판하여 정부의 눈총을 받은 것과 대조되어 많은 아쉬움을 남긴다. 하늘이 맑은 가을날 김수근의 초심이 온전히 담긴 아름다운 '공간' 사옥을 보면, 현대 건축사에 아름답지만은 않게 기억되는 그가 떠올라 몹시 안타깝다.

근대미술의 요람
중앙고보와 휘문고보

1970년대 후반 중앙고등학교에 입학하며 계동 골목에 처음 들어섰을 때부터 이 골목, 이 지역에 많은 역사의 흔적이 담겨 있다는 것을 단박에 알았다. 어린 나이에도 이 지역의 건물이나 골목이 범상치 않은 기운을 간직하고 있다는 것을 피부로 느꼈다. 창경궁과 창덕궁을 지나 버스에서 내려 계동 골목을 오르기 시작하면 초입 우측에 휘문고등학교가 있었고, 조금 더 올라가면 역시 우측에 대동상업고등학교가 있고, 더 거슬러 올라가 언덕 끝에 다다르면 중앙고등학교가 있었다.

그리 길지 않은 골목에 큰 학교가 세 군데나 있는 것도 대단했지만, 더 신기했던 것은 학교 주변에 널려 있는 한옥과 일제강점기 즈음에 지어진 듯한 고풍스러운 건물과 근래에 지어진 신식 고급 양옥이 한데 어우러져 있는 모습이었다. 이곳이 조선시대 벌열閥閱 양반들이 살았던 북촌 지역의 중심이라는 것은 한참 후에 알게 되었다. 특히 계동과 가회동이 맞붙은 지역에 있는 큰 집들은 입을 다물지 못할 정도의 위세가 느껴지는 것들이었다. 이 집들이 누구나 살 수 없는 집이라는 것은 TV 연속극에 나오는 부잣집 마나님이 흔히 '계동 마님', '가회동 사모님' 등으로 불리는 것을 보고 새삼 다시 느낄 수 있었다.

한 골목 안의 라이벌
중앙고와 휘문고

이 세 학교 외에도 북촌 지역은 한국 근대기 명문 학교들이 몰려 있었다. 초등학교로는 한국 최초의 초등학교인 교동초등학교와 재동·수송초등학교가 서로 멀지 않은 곳에 있었다. 중등학교로는 화동에 있는 경기고를 중심으로 덕성여고, 풍문여고, 창덕여고가 있고, 수송동 쪽에는 중동고, 숙명여고 등이 있었다. 이 일대를 한국 근대 초등, 중등교육의 산실이라 할 만했다.

그러나 1970년대 후반 이후 강남 등 다른 지역이 개발되면서 경기고, 휘문고, 중동고, 숙명여고, 창덕여고 등이 옮겨 가고 현재는 몇몇 학교만 남아 있다. 이들 학교는 근대기의 많은 역사적 인물들을 배출하여 한국의 근대화에 큰 기여를 했다.

북촌의 많은 학교들 중 계동 골목에 있던 중앙고와 휘문고는 여러 가지 면에서 서로 경쟁 관계에 있었다. 두 학교 모두 1906년(휘문고)과 1908년(중앙고) 비슷한 시기에 설립되어 110년을 훌쩍 넘긴 유서 깊은 학교로 우수한 학생들이 모여들었던 명문이다.

중앙고는 인촌 김성수가 민족계열 학교인 기호학교畿湖學校를 인수하여 설립한 학교로 민족 학교라는 자부심이 있었다. 반면 휘문고는 자작子爵 작위를 받은 세력가 민영휘閔泳徽(1852~1935)가 세운 학교였으나, 당시 신교육을 받은 훌륭한 교사를 많이 초빙하는 등 매우 세련되게 학교를 운영하여 문화 예술에 관심이 많은 학생들이 대거 몰려들어 뛰어난 성과를 냈다.

학업 외에도 두 학교는 일제강점기에 드물게 야구부를 창설하여 학교의 대표적인 상징이 되었다. 휘문고에 다녔던 화가 이쾌대와 미술품 수장가 전형필이 야구부에서 활동했던 것은 매우 유명한 일이다. 중앙고와 휘문고의 야구 경기가 있는 날이면 계동 인근이 들썩였다. 휘문고가 강남으로 가기 전인 1970년대 후반까지도 두 학교의 시합이 있는 날이면 학교에 휴교령이 내릴 정도였다.

중앙고·휘문고와 문화 예술

근대기의 중등학교는 한국 근대 예술계와도 밀접한 관계가 있었는데, 중앙고와 휘문고는 많은 문학가를 배출하기도 했다. 중앙고 출신의 문학가로는 채만식蔡萬植(1902~1950), 서정주徐廷柱(1915~2000) 등이 유명했고, 휘문고 출신으로는 정지용, 이태준, 박종화 등이 문명을 드날렸다. 미술 쪽에서의 활동도 눈부셨다. 두 학교가 가까이 있어 고희동이나 이종우, 김용준 등이 두 학교에 모두 수업을 나가거나 영향력을 행사할 수 있었기 때문이었다. 당시에는 미술을 공부한 한국인이 적어 한 사람이 여러 학교에 촉탁으로 나가는 경우가 많았다.

• 1960년대 후반 항공사진으로 찍은 중앙고 교정
•• 1960년대 휘문고 전경

ⓒ 김한용 | ⓒ 휘문 교우회

229

중앙고의 미술교육은 일본 도쿄미술학교에서 유학하고 돌아온 한국 최초의 서양화가 고희동이 미술교사를 맡으면서 시작된다. 마찬가지로 도쿄미술학교 출신인 이종우가 고희동의 뒤를 이어 이곳에서 미술교사를 시작했다. 이들의 존재는 중앙고 학생들에게 영향을 주어 많은 학생들이 미술가를 꿈꾸게 만들었다. 당시 중앙고 교장이었던 심형필沈亨弼도 청전 이상범에게 그림을 배우던 아마추어 화가라 미술 교육에 더 열성적이었다.

　이러한 분위기에서 김용준이나 이여성李如星(1901~?) 등 재주 있는 학생들이 그들의 영향을 받아 훗날 좋은 화가가 된 것이다. 특히 김용준은 고보 재학 시 폐허가 될 위험에 처한 경복궁 동십자각을 그린 〈동십자각〉이라는 작품을 조선미술전람회에 출품하여 화제가 되었는데, 이 작품을 제작한 곳이 바로 이종우가 맡았던 중앙고보의 미술실이었다.

김용준

• 지금은 없어진 한국 최초의 3층 건물 휘문고 희중당
•• 나카무라 요시헤이가 설계한 중앙고의 동관과 서관

ⓒ 휘문고

휘문고에서는 중앙고보다 훨씬 많은 미술계 지망생들이 나타났다. 미술교사였던 고희동의 가르침 아래 장발, 서동진, 오지호, 이승만李承萬(1903~1975), 윤희순 등 많은 능력 있는 근대 미술가들이 배출되었다. 특히 고희동이 중심이 되어 결성한 '고려화회'는 휘문고 학생들을 미술로 이끄는 중요한 창구 역할을 했다. 이들은 훗날 한국 미술계를 이끄는 핵심인물이 된다.

중앙, 휘문 두 학교를 다닌 화가들 중 가장 눈에 띄는 인물은 단연 이여성, 이쾌대 형제이다. 이여성은 중앙고, 이쾌대는 휘문고를 다닌 후 화가로서 활동했는데, 한국전쟁이 일어나자 둘 다 월북하는 비운의 삶을 공유한다.

중앙고는 서화협회의 첫 전시회 장소로도 유명하다. 안중식과 조석진이 이끌던 서화협회는 결성 후 전시를 개최할 곳을 물색했으나 여의치 않자 인촌 김성수의 도움으로 중앙고보 강당에서 첫 전시를 열었다. 민족주의적 성향이 강한 서화협회 첫 전시를 연 곳이 당시 민족 학교를 표방했던 중앙고보였다는 사실은 여러모로 의미가 깊다. 아쉽게도 그때 전시회가 열렸던 강당의 모습은 지금 남아 있지 않고 그 얼마 후 확장하여 신설된 강당만이 당시의 모습을 추정케 할 뿐이다.

중앙고보의 건물들은 현재까지 같은 자리에서 옛 모습을 간직한 채 오랜 역사를 증언하고 있다. 그때의 중앙고보, 지금의 중앙고등학교는 계동 길 끝자락 언덕 위에 창덕궁 후원과 담을 같이하고 있다. 100년 이상의 오랜 역사를 지닌 명문 학교답게 고풍스러운 건물과 넓은 운동장을 가진 캠퍼스로 유명하다.

강남으로 이사 간 대부분의 학교는 교사를 새로 지어 옛 모습을 추측하기 어렵다. 그에 비해 중앙고등학교는 돌과 벽돌로 지은 옛 건물이 그대로라 한국 근대 교육 현장의 모습을 시공을 초월하여 증언하고 있다. 특히 덕

수궁미술관을 설계한 일본인 건축가 나카무라 요시헤이中村與資平(1880~
1963)가 설계한 동관과 서관은 아름다운 옛 모습을 그대로 간직하고 있어
사적史蹟으로 지정되었다.

　이 학교의 교정은 아름답기로 유명해 한때 엄청난 인기를 누린 TV연
속극 〈겨울연가〉의 무대로 쓰이기도 했다. 한류가 확산되면서 이 연속극
이 일본, 중국, 동남아에까지 수출된 뒤 지금도 그 명성을 듣고 찾아오는
외국인들이 심심치 않게 있다. 이후에도 걸그룹 '여자친구'의 〈시간을 달
려서〉 뮤직비디오를 비롯한 많은 대중 매체에 노출되어 북촌 지역의 명
물이 되었다.

관상감 터에 세워진
휘문고와 현대 사옥

　　　　　　　휘문고는 본래 조선시대의 국립 천문대인 관상
감觀象監이 있던 자리에 세워진 학교이다. 1978년 오랜 역사를 뒤로하고
정부의 시책에 따라 강남으로 학교를 이전했다. 휘문고의 강남 이전 계획
이 세워진 초기에는 휘문고 자리에 공원이 조성될 것이라는 소문이 무성
했다. 창덕궁 옆 유서 깊은 학교가 공원으로 조성된다는 소식에 많은 사
람들이 기대감에 부풀었다.

　하지만 소문과는 달리 휘문고 부지는 현대그룹에 판매되었고, 결국 이
곳에 현대그룹 본사가 들어서게 되었다. 당시 건설업으로 막대한 부를 축
적했던 현대그룹은 휘문고의 유서 깊은 건물을 모두 없애버렸다. 한국 최
초의 3층 건물이라는 '희중당'이 사라진 것은 아쉬운 일이다.

- 현대 사옥 우측 앞에 있는 관천대
- •• 창덕궁과 운현궁을 가로막고 서 있는 현대 사옥

현대그룹은 이곳에 있던 매우 중요한 조선시대 유물까지 없애려 했다. 남쪽 끝에 돌을 쌓아 만든 '관천대觀天臺'가 바로 그것이다. 이 유물은 한국 천문학사에서 매우 중요한 유적으로 경주 '첨성대瞻星臺'처럼 옛사람들이 별을 관측했던 곳이다. 이런 중요한 역사 유적을 없애려 했으니 한국 최고 기업의 문화인식으로서는 참으로 비문화적이라 아니할 수 없다. 결국 이를 인지한 많은 문화인들의 이의 제기로 '관천대'는 옹색하나마 지금의 위치에 살아남을 수 있었다.

1983년 10월 우여곡절 끝에 휘문고 자리에는 거대한 건물 두 동이 들어선다. 공원이 될 것이라 기대한 곳에 뜬금없이 어마어마한 대기업 사옥이 들어서자 많은 시민들은 정권과 대기업이 담합하여 이루어진 일이라 의심하며 달갑지 않게 생각했다.

사람들이 현대사옥을 정경 유착의 결과물로 이야기하는 데에는 몇 가지 이유가 있다. 이 건물 건축의 첫째 의문은 건축의 허가가 정당했는지의 문제이다. 우선 크기가 너무 크다. 지금도 너무 커 위압감을 느낄 정도인데 1983년에는 어떤 정도였을지 상상이 될 것이다. 더구나 이곳은 창덕궁이 바로 옆에 있어 건축법상 이렇게 높고 큰 규모의 건물이 들어서서는 안 된다. 실제 주변 다른 곳의 경우 고도제한을 받는다. 이런 높은 건물이 어떻게 허가를 받을 수 있었는지 알 수 없는 일이다.

다음으로 이 장소는 오랜 역사를 가진 휘문고 자리일 뿐 아니라 조선시대 천문대인 관상감이 있던, 역사적으로 유명한 곳이다. 공사를 시작하면서 이 지역에 대해 미술사적 조사를 충분히 하고 보존을 고민했어야 했다. 하지만 그러한 고민의 흔적은 보이지 않는다. 문화재 보존 문제를 어떻게 해결했는지 알 수 없는 것이다. 분명 건축공사를 진행하며 많은 유물들이 나왔을 텐데 그것들은 과연 어디로 갔을까.

마지막으로 완성된 결과물이 주변과 조화를 잘 이루는가의 문제이다. 현대그룹은 휘문고의 오래된 건물들을 별 고민도 없이 모두 없애버리고, 그 자리에 큼지막하고 단순한 사각 형태의 건물 두 동을 세웠다. 미학적 고려는 전혀 없이, 공간의 효율성만을 고려하여 지은 사무실용 건물이다. 이 거대한 건물이 들어서면서 지역이 모두 초라해져 버렸다. 임진왜란 이후 임금이 살았던 창덕궁은 왜소한 공간으로, 바로 옆에 있는 건축계의 거장 김수근의 '공간' 사옥은 현대그룹의 숙직실같이, 관상감 자리임을 알려 주는 관천대는 어느 대갓집 굴뚝을 뜯어다 놓은 장식물처럼 되어버렸다.

이런 무지막지한 건물이 어떻게 문화유적이 많은 문화보존 지역에 들어설 수 있었던 것일까. 이런 건물이 존재하는 한 창덕궁이나 운현궁은 당당한 모습을 유지하기 어렵다. 북촌이 전통문화 보존 지역으로 유지되는 것은 더욱 요원하다. 현대그룹 사옥은 북촌이 쌓아온 전통문화를 짓누르는 괴물 같다. 이 또한 지난날의 비극적인 적폐이고 슬픈 자화상이다.

북촌 주변

사진관, 화랑까지 경영한
서화가 김규진

평양화단을 대표하는 3대 인물이라 하면 옥경 윤영기, 석연石然 양기훈楊
基薰(1843~1911), 그리고 해강海岡 김규진金圭鎭(1868~1933)을 꼽는다. 윤
영기는 흥선대원군 이하응 문하에서 활동하며 새로운 미술 교육에 관심
이 많았던 미술교육자였다. 또한 양기훈은 서울의 장승업과 함께 청나라
미술의 영향을 받아 독특한 미술세계를 일구어 시대를 대표하는 작가가
되었다.

　이들 선배들에 이어 물밀 듯 밀려들어오는 서구 근대화 물결과 전면에
서 부딪히며 미술계의 거물이 된 서화가 김규진이다. 김규진은 하나의
예술 통로만으로는 설명이 쉽지 않은 복합적 인물이다. 그는 당대 최고의
서화가로 이름을 날렸을 뿐 아니라 미술 교육자로서 영향력이 매우 컸
고, 사진 기술 도입의 선구자로서도 공이 크다. 또한 근대적 의미의 화랑
발전사에도 큰 발자취를 남겼다.

큰 글씨에 능해
전국적으로 유명

　　김규진은 평안남도 중화에서 태어나 어려서부
터 외숙부인 서화가 소남少南 이희수李喜秀(1836~1909)에게 서화의 기초와
한문을 공부했다. 이희수는 평양의 유명한 서예가인 눌인訥人 조광진趙匡
振(1772~1840)의 영향을 받은 인물이라 김규진도 은연중에 조광진 필법
의 영향을 받았다. 그러나 나이가 들수록 스승 이희수의 능력에 한계가
있음을 직감하며 새로운 미술세계에 갈증을 느낀다.

　김규진이 청나라를 주유하며 유명한 중국 서화가들과 교유하면서부터
비로소 서화에 눈을 뜨게 된다. 그는 18세 되던 1885년 중국으로 건너가

김규진(1919)

《김해강 유묵》(우일출판사, 1980)

8년간 서화를 공부한다. 북경, 양주, 상해 지역을 돌아다니며 오창석, 오대징吳大澂 등과 교유하며 청에서 유행하는 화풍을 배운다. 상해에 망명해 있던 운미 민영익과도 만나 서화에 대한 견해를 나눈다.

젊은 시절 8년간의 중국 경험은 김규진의 서화 수준을 몰라보게 발전시킨다. 그는 1894년에 귀국하여 정열적으로 활동하며 한국의 가장 영향력 있는 서화가로서 자리매김하게 된다. 청나라 유학을 통해 갖춘 대륙적 필치와 호방한 필력은 많은 이들의 사랑을 받았다. 글씨에서는 전·예·해·행·초의 모든 서법에 능했다. 특히 일반 대자보다 규모가 큰 글씨에서는 당대의 독보적 존재였다. 이제 더 이상 그는 평양 지방 출신 서화가가 아니라 전국에까지 이름이 널리 퍼진 거물 서화가가 되었다.

김규진의 큰 글씨는 개인 감상용으로도 써졌지만, 주로 기관의 주문에 의해 쓰는 경우가 많았다. 특히 절이나 부잣집의 현판으로 주문 받는 경우가 많았다. 많은 사람들이 공유하는 노출된 공간일수록 그의 대범하고 활달한 필치가 잘 어울렸던 것이다. 지금도 전국 절집에 걸려 있는 현판 중에 김규진의 글씨가 압도적으로 많다. 김규진의 큰 글씨로 가장 유명한 것은 금강산 구룡폭포 옆 바위에 새긴 '미륵불彌勒佛'이다.

1918년 김규진은 금강산 바위에 '미륵불' 세 글자를 새겨 달라는 불교도들의 주문을 받는다. 이 어려운 주문을 위해 김규진은 '이왕가미술공장'에 특별히 큰 붓을 만들어 달라고 청한다. 결국 그의 키보다 더 큰 붓이 만들어졌고, 그는 20여 미터에 달하는 '미륵불' 세 글자를 완성한다. 이 글씨는 성공적으로 벽면에 새겨졌고, 이후 한국 근대 석각 글씨의 최고 걸작으로 평가받는다. 자연을 훼손한 면이 없지 않으나 워낙 빼어난 글씨라 큰 비난을 받지는 않는 듯하다. 예술의 힘을 느끼게 한다.

김규진의 회화세계를 대표하는 것은 역시 대나무 그림(묵죽)이다. 난초나

• 일제강점기 '미륵불' 사진 •• 현재의 '미륵불' 사진(2019)

서울역사박물관 소장

• 김규진, 〈차군도此君圖〉
•• 김규진, 〈내금강만물초승경〉과 〈해금강총석정절경〉(1920)

《김해강 유묵》(우일출판사, 1980) │ 국립고궁박물관 소장

모란 등 다른 갈래의 그림을 못 그리는 것은 아니지만, 그를 화가로서 유명하게 만든 것은 역시 대나무 그림이다. 그의 대나무 그림은 힘이 넘치면서도 유려하고 과감한 필력을 보인다는 데 장점이 있다. 얽매임 없이 화면을 자유자재로 넘나들며 왕죽王竹, 풍죽風竹, 세죽細竹 등을 거침없이 그렸다.

조선시대 화가들의 사군자는 문인화를 대변하기는 했지만 선비들의 취미 그림처럼 소심한 면이 많았다. 반면 김규진의 묵죽을 중심으로 한 수묵화는 활달한 필치를 바탕으로 거침없는 예술가의 포효를 선보이며 회화적으로도 완성된 경지를 펼쳐놓는다. 특히 굵은 대나무를 그린 그의 '왕죽'은 청나라 화가들 못지않다는 평가를 받았다. 이러한 양식은 후배들에게 큰 영향을 주었다.

김규진은 대나무 그림뿐만 아니라 산수화나 영모 등 다른 그림도 잘 그렸다. 말 그림이나 폭포 그림, 화조 등에도 뛰어난 작품을 많이 남겼다. 그의 수묵화 이외의 그림 중 단연 눈에 띄는 것은 1920년에 그린 창덕궁 희정당熙政堂의 벽화 〈내금강만물초승경內金剛萬物肖勝景〉과 〈해금강총석정절경海金剛叢石亭絶景〉이다.

이 두 작품은 1917년 화재로 창덕궁 내전 전각이 소실된 후 1920년에 재건할 때 서화협회가 주문을 받았는데 이 중 김규진의 몫으로 할당된 것이다. 그는 3개월간 금강산을 사생 여행한 후 일만 이천 봉 절경 중 '만물상'과 '총석정'을 택했다. 희정당 벽면에 맞게 화면을 넓게 잡고 호방한 필치로 화려한 채색을 넣어 그렸다. 평소 채색화를 잘 그리지 않던 김규진의 숨은 능력을 엿볼 수 있는 역작은 그렇게 탄생되었다.

채색의 정교함이나 대상을 바라보는 시야, 궁궐에 어울리는 고급스런 정경 등 어느 하나 빠지지 않는 명품이다. 창조력을 발휘하여 실제 금강산 풍경보다 더욱 신비로운 장면을 연출해낸 덕분에 마치 신령스런 상상

속의 봉래산을 보는 듯하다. 이 창덕궁 재건 사업에 서화미술회 회원들도 여럿 참여하여 벽화를 남겼지만 그중에서 가장 뛰어난 작품이 김규진의 것이라 해도 과언이 아닐 정도이다.

서화교본도 여럿 낸
탁월한 미술 교육자

　　　　　　청나라에서 쌓은 김규진의 서화 실력은 압도적인 면이 있어 그와 어깨를 겨룰 만한 화가로는 안중식, 서예가로는 김돈희 정도가 있을 뿐이었다. 더욱이 김규진은 빼어난 지도력까지 갖춰 금방 서화계의 지도적 인사가 되었다. 걸출한 인품과 실력은 많은 제자를 불러 모았고, 그는 한국 서화계의 한 축을 담당하는 거물이 되었다.

　중국에서 돌아온 김규진은 1896년 궁내부 외사과 주사를 시작으로 여러 관직을 거친 후, 영친왕 이은李垠(1897~1970)에게 글씨를 가르치는 '서사書師'에 임명되었다. 영친왕을 가르친 명예는 훗날 서화가로 활동하는 데 많은 도움이 되었다. 조선미술전람회의 심사위원을 맡기도 했고, 총독부 또는 일본과 관계되는 일을 하는 데 많은 제약을 줄일 수 있었다.

　김규진은 또한 1915년 미술 연구 단체인 '서화연구회'를 창설했다. 이는 1911년에 발족한 '서화미술회'에 이어 두 번째 출현한 근대적 미술 교육기관이었다. 수업 과정은 3년이었다. 이때 배운 제자가 이병직, 김진우, 이응노, 민택기閔宅基(1908~1936) 등이었다. 이들은 모두 서화가로서 일가를 이루었다.

　김규진은 자신의 서화에 대한 이론을 책으로 내 교과서로 사용했다.

• 김규진, 〈유계비연도〉 •• 김규진, 〈폭포〉

《김해강 유묵》(우일출판사, 1980)

《김규진 화첩》은 영친왕의 스승 시절 서화교본으로 만들었던 것이고, 《서법진결書法眞訣》(1915), 《육체필론六體筆論》(1915), 《해강난죽보海岡蘭竹譜》(1916) 등은 서화연구회에서의 서화 교육을 위한 교재로 만든 것이었다. 이들 책은 서화 교재가 귀했던 근대기에 초보자들의 눈을 뜨게 한 미술사적으로 귀한 출판물이었다.

사진술 도입과
화랑 경영의 선구자

　　　　　　　　　김규진의 활동 중 특이한 업적이 일본에서 사진 기술을 배워 온 것이다. 1907년 이후 두 차례나 도쿄로 건너가 사진기 조작법을 배우고 돌아와, 서울 소공동에 천연당天然堂이라는 사진관을 개설했다. '천연당'이라는 이름은 소공동의 일제강점기 이름이 천연동天然洞이었기에 붙인 것이다.

근래에 김규진이 고종 임금의 얼굴을 찍은 초상 사진이 화제가 되었다. 이 사진은 미국의 재벌 에드워드 해리먼(1848~1909)이 1905년 대한제국을 방문했다가 고종 황제로부터 하사받은 것이다. 2015년 국외소재문화재재단의 노력으로 이 사진의 존재가 알려졌다. 1884년 지운영이 고종 황제를 처음 촬영한 후 한국인이 찍은 두 번째 임금 사진이다.

촬영 장소는 덕수궁 중명전重明殿 1층 복도이며, 사진의 오른쪽 위에 '대한황제진 광무9년 재경운궁大韓皇帝眞 光武九年 在慶運宮'이라는 글씨가 있어 1905년에 촬영된 것임을 알려준다. 사진 속의 고종은 익선관에 황룡포를 입고 앉아 있다. 뒤로는 국화 그림과 창포 그림이 그려진 일본식

김규진, 〈고종 초상〉(1905)

〈빛의 길을 꿈꾸다〉(덕수궁미술관, 2018)

병풍이 둘러져 있어 시대적 상황을 보여준다. 인화한 후에 황룡포, 병풍, 카펫 등의 사물에 실감나도록 옅게 채색을 했다.

천연당사진관을 경영하던 김규진은 1913년 사진관 1층에 한국 최초의 근대 상업화랑인 '고금서화관古今書畵觀'을 설립한다. 고금서화관은 주로 자신의 작품을 주문받아 제작, 판매했으며, 다른 명가들의 서화를 위탁 판매하기도 했다. 또한 전문 표구기술자를 데려와 병풍, 대련, 두루말이 축권 등 표구도 맡아 했다. 요즘 말로 표구화랑의 원조 격이다.

미술품뿐만 아니라 비문, 상석, 현판, 간판 글씨도 주문을 받아, 마치 현대의 광고회사와 같은 면모도 갖추었다. 시간이 흐름에 따라 사업이 확장되

천연당사진관과 고금서화관
《매일신보》 1915년 3월 26일

자 조각, 도금, 취색 등 환경 미술까지 맡아 제작해 주기도 했다. 고금서화관은 당대 작품 매매뿐 아니라 조선시대 이전의 고서화를 매매하기도 하고, 위탁 전매까지 하는 등 다양한 역할을 수행했던 복합 문화공간이었다.

　김규진이 고금서화관을 언제까지 경영했는지는 정확히 알려져 있지 않다. 다만 1920년 그가 천연당사진관을 폐업했을 때 고금서화관을 타인에게 물려주었다고 한 것으로 보아 그때까지는 운영했던 것으로 보인다. 고금서화관은 1929년 우경友鏡 오봉빈吳鳳彬(1893~?)이 설립한 '조선미술관'과 함께 일제강점기 한국인에 의해 운영된 대표적인 미술관이었다는 데 큰 의미가 있다.

근대 서예의
체계를 정립한 김돈희

한국 근대 서예 역사를 되돌아볼 때 가장 두드러진 활동을 보인 서예가는 단연 성당惺堂 김돈희金敦熙(1871~1936)이다. 그는 글씨를 잘 썼을 뿐 아니라 거기에 새로운 학문과 사상을 더해 구태의연했던 기존의 서예계에 새로운 바람을 불러일으켰다. 그는 당대 최고의 서예가로 인정받아 조선미술전람회의 심사를 독점하다시피 하며 서예계의 일인자로 군림했다. 많은 애호가들이 그의 작품을 좋아하여 찾았으며, 그의 특기인 황정견黃庭堅을 따른 필체는 일세를 풍미했다. 많은 동료 후배들이 그의 필체를 따라하고 많은 제자들이 그의 집을 드나들었다.

김돈희
《서화협회회보》 제1호

서예가로서의
행적

　　　　　　　　김돈희는 전형적인 중인 출신으로 사자관寫字官
이었던 부친의 영향을 받아 한학과 글씨를 익혔다. 그는 선조들이 중국을
왕래하며 입수한 많은 서예 관련 서적들을 습득하며 글씨 세계를 넓혔
다. 1887년 16세 때에는 법관 양성소에 입학하여 법률 서적을 가까이 하
며 법관으로서 자질을 키우기도 했다.

　20대에 관료 생활을 시작하여 내각주사·조선총독부위원·금석문편찬
사 등을 역임했으며, 공직 생활을 끝낸 후에는 주로 서예가로서 활동했다.
1918년에는 한국 최초의 근대 미술단체인 '서화협회' 발기인으로 참여하
고 1922년에는 4대 회장에 취임하여 한국 미술계의 중심인물이 되었다.

　김돈희는 개인 서예연구소인 '상서회尙書會'를 열어 후진을 양성하기도
했다. 처음에는 을지로 단우丹宇 이용문李容汶의 집을 빌려 쓰다 경복궁
서쪽 근처 당주동으로 옮겼다. 김은호·노수현 등 서화미술회 학생들도
그에게 배웠으며, 훗날 걸출한 서예가가 되는 손재형과 화가 장우성 등도
모두 그의 제자였다.

　김돈희는 일제의 문화정치 일환으로 조선미술전람회가 창설되자 작품
도 출품하고 서예부 심사도 거의 도맡아 했다. 1회에서 10회까지만 진행
된 서예부에서 빠지지 않고 심사를 한 이는 김돈희뿐이었다.

　　　　김돈희는 글씨를 잘 썼을 뿐 아니라 남과 다른 자신만의 세계를 갖추어 일가를 이루었다. 현존하는 작품을 보면 전·예·해·행·초서를 모두 잘 썼는데, 특히 해서가 유명했다. 해서는 안진경과 황정견의 서법을 혼용하여 썼으며, 북위시대의 글씨와 당나라 해서를 두루 연마한 흔적도 보인다. 예서는 한나라 예서를 깊이 연구했다 하나, 실제 그의 글씨를 보면 누구를 본받았다 할 수 없을 정도로 자신만의 뚜렷한 색채가 있다. 그의 글씨는 문자를 구성하는 능력뿐만 아니라, 붓을 다루는 솜씨도 능란하고 획의 씀씀이도 매우 유려하여 보기에 좋았다.

　그를 유명하게 만든 '황정견체' 글씨는 오른쪽이 살짝 올라가는 느낌이 있어 활달하고 자유분방한 느낌이 든다. 이런 필체는 현판으로 제작하기에도 좋아 전국에 있는 사찰과 명문가에 많이 제작되어 걸렸다. 이 현판들은 모자란 것이 없을 정도로 높은 수준을 보인다.

김돈희, 〈무사당선〉(1930)

ⓒ 고은솔

친일 이력

김돈희는 빼어난 서예 실력에도 불구하고 현대에 서예가로서 좋은 대접을 받지 못하고, 때로는 손가락질을 받는 경우도 있다. 이렇게 된 것은 그의 '친일' 전력 때문이다. 가장 문제가 된 것은 1910년 일제가 강제로 한일병탄조약을 체결할 때 쓴 〈한일병합조약문〉이다. 그가 이 조약문을 쓴 것은 자의라기보다는 당대 최고의 서예가로서 불려간 것이라고도 할 수 있다. 정치에 예속된 예술가로서의 숙명 같은 것이리라. 그러나 당시 문화계의 주도적 인사로서 그러한 불명예를 피해가지 못한 것은 자신이 책임져야 할 일이다.

또한 그는 한일병탄 이후 중추원에서 근무하며 글씨 쓰는 업무를 맡았고, 3·1독립운동 이후에는 조선미술전람회의 심사위원을 도맡아 함으로써 총독부의 정책에 일조를 했다는 혐의도 제기된다. 게다가 그의 장기인 '황정견체'가 당시 일본에서 대유행을 했고, 한국에 와 있던 일본 관료들이 유난히 좋아했다는 면에서 더욱 친일 인사로 몰리기도 했다. 이러한 여러 가지 이유로 광복 이후 김돈희의 이름은 점차 사라져 갔고, 서예가로서 친일 인물의 대명사가 되었다.

③

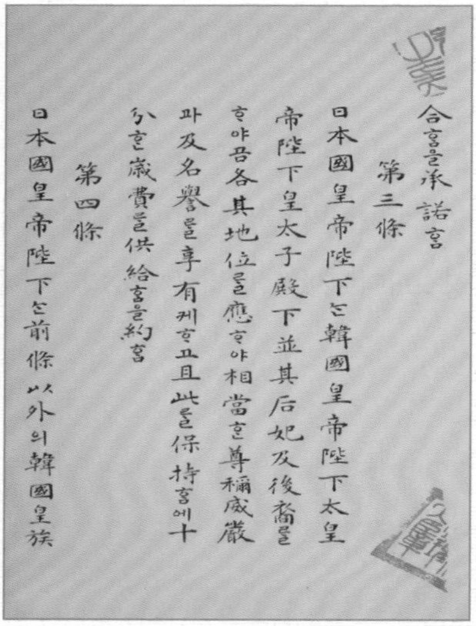
合ᄒᆞᆷ을承諾ᄒᆞᆷ
第三條
日本國皇帝陛下ᄂᆞᆫ韓國皇帝陛下太皇
帝陛下皇太子殿下並其后妃及後裔로
ᄒᆞ야곰各其地位를應ᄒᆞ야相當ᄒᆞᆫ尊稱威嚴
과及名譽를享有케ᄒᆞ고且此를保持ᄒᆞᆷ에十
分ᄒᆞᆫ歲費를供給ᄒᆞᆷ을約ᄒᆞᆷ
第四條
日本國皇帝陛下ᄂᆞᆫ前條以外의韓國皇族

④

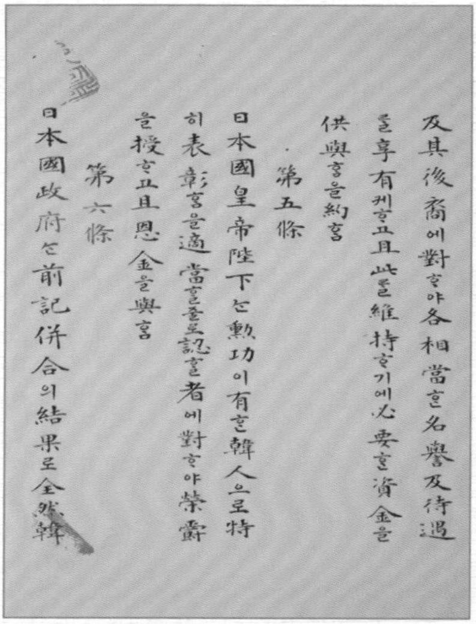
及其後裔에對ᄒᆞ야各相當ᄒᆞᆫ名譽及待遇
를享有케ᄒᆞ고且此를維持ᄒᆞ기에必要ᄒᆞᆫ資金을
供與ᄒᆞᆷ을約ᄒᆞᆷ
第五條
日本國皇帝陛下ᄂᆞᆫ勳功이有ᄒᆞᆫ韓人으로特
히表彰ᄒᆞᆷ이適當ᄒᆞᆷ으로認ᄒᆞᆫ者에對ᄒᆞ야榮爵
을授ᄒᆞ고且恩金을與ᄒᆞᆷ
第六條
日本國政府ᄂᆞᆫ前記併合의結果로全然韓

⑦

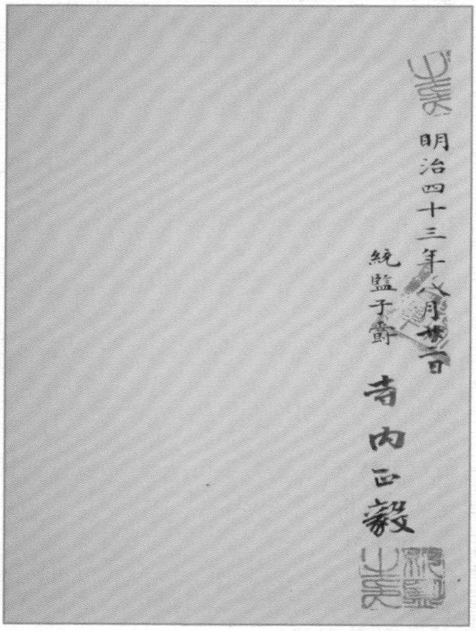
明治四十三年八月廿二日
統監子爵 寺內正毅

⑧

〈한일병합조약문〉

서울대학교 규장각 한국학연구원 소장

①

韓國皇帝陛下及日本國皇帝陛下ᄂᆞᆫ
兩國間의特殊히親密ᄒᆞᆫ關係ᄅᆞᆯ顧ᄒᆞ야互
相幸福을增進ᄒᆞ며東洋平和ᄅᆞᆯ永久히
確保ᄒᆞ기爲ᄒᆞ야此目的을達ᄒᆞ고자ᄒᆞ면韓國
을日本國에倂合ᄒᆞᆷ에不如ᄒᆞᆫ者로確信ᄒᆞ야
玆에兩國間에倂合條約을締結ᄒᆞ기로決
定ᄒᆞ니爲此韓國皇帝陛下ᄂᆞᆫ內閣總理大
臣李完用을日本國皇帝陛下ᄂᆞᆫ統監子
爵寺內正毅ᄅᆞᆯ各其全權委員에任命ᄒᆞᆷ

②

仍ᄒᆞ야右全權委員은會同協議ᄒᆞ야左開
諸條ᄅᆞᆯ協定ᄒᆞᆷ
第一條
韓國皇帝陛下ᄂᆞᆫ韓國全部에關ᄒᆞᆫ一切
統治權을完全且永久히日本國皇帝陛
下에게讓與ᄒᆞᆷ
第二條
日本國皇帝陛下ᄂᆞᆫ前條에揭載ᄒᆞᆫ讓與
ᄅᆞᆯ受諾ᄒᆞ고且全然韓國을日本帝國에倂

⑤

國의施政을擔任ᄒᆞ야該地에施行ᄒᆞᆯ法規ᄅᆞᆯ
遵守ᄒᆞᄂᆞᆫ韓人의身體及財産에對ᄒᆞ야十
分ᄒᆞᆫ保護ᄅᆞᆯ與ᄒᆞ고且其福利의增進을圖
ᄒᆞᆷ
第七條
日本國政府ᄂᆞᆫ誠意忠實히新制度ᄅᆞᆯ
尊重ᄒᆞᄂᆞᆫ韓人으로相當ᄒᆞᆫ資格이有ᄒᆞᆫ者
ᄅᆞᆯ事情이許ᄒᆞᆫ範圍에셔韓國에在ᄒᆞᆫ帝
國官吏에登用ᄒᆞᆷ

⑥

第八條
本條約은韓國皇帝陛下及日本國皇
帝陛下의裁可ᄅᆞᆯ經ᄒᆞᆫ者ㅣ니公布日로부
터此ᄅᆞᆯ施行ᄒᆞᆷ
右證據로삼아兩全權委員은本條約에記名
調印ᄒᆞᆷ이라
隆熙四年八月二十二日
內閣總理大臣李完用

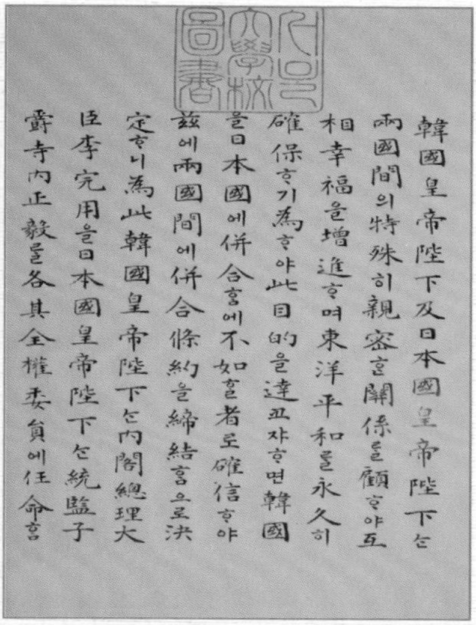

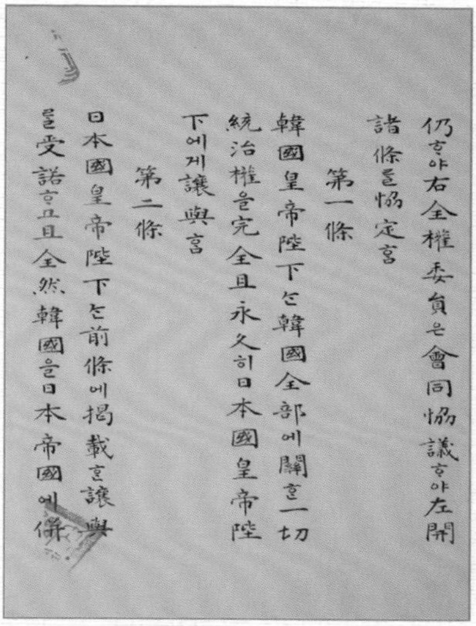

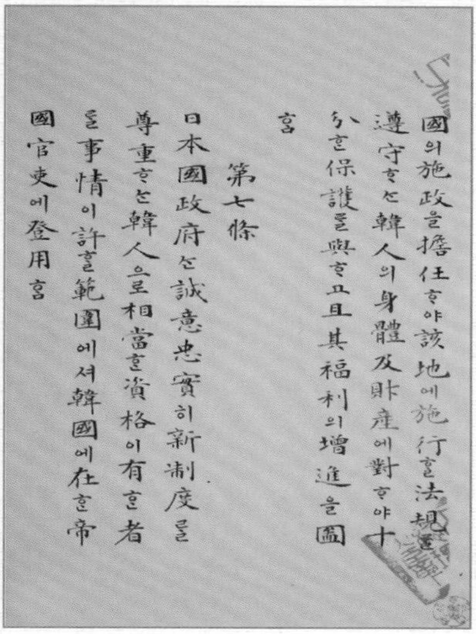

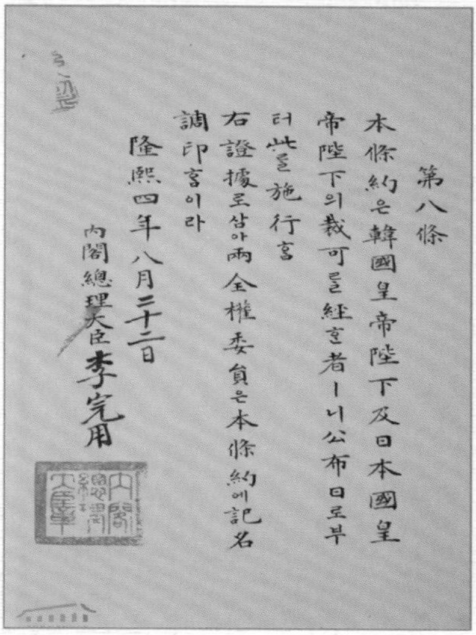

김돈희와 김태석의
대조적인 모습

　　　　　　　김돈희의 친일 문제가 논의되면 늘 등장하는
인물이 서예가이자 전각가인 성재惺齋 김태석金台錫(1875~1953)이다. 두
사람은 동시대에 살며 서예와 전각의 명인으로 이름을 날렸으나, 한 사람
은 중앙에서 다른 한 사람은 극단적인 변방에서 대조적인 삶을 살아 늘
비교되는 인물이다.

　김태석 또한 중인 출신이며 추사 김정희의 말년 제자인 소당小棠 김석준
金奭準(1831~1915)의 문인이다. 30세에 궁내부 관직 생활을 시작하여, 한때
평창군수를 지내기도 했다. 35세에 궁내부 미술 시찰위원으로 일본을 잠

김태석, 〈전서〉(1947)

시 다녀온 뒤 바로 청으로 건너가 20년 가까이 중국의 인주국印鑄局 관원으로 활동했다.

중국에 있을 때 상해 임시정부 요원들과 가까이 지낸 김구金九(1876~1949), 조완구趙琬九(1881~1954) 등 여러 명의 인장을 새겨 주었다. 김돈희가 중추원에 근무하며 일본인들과 가까이 지낸 것과 큰 대조를 이룬다. 귀국한 후 10여 년간 국내에서 체류하다가 다시 일본으로 건너간다. 해방이 되었을 때 너무 기분이 좋아 방에서 소리치며 뛰어 나오다 넘어져 크게 다쳤다는 일화가 그의 성향을 말해준다.

김태석은 중국에 있을 때 중화민국의 임시 초대 총통을 지낸 위안스카이袁世凱(1859~1916)의 옥새를 새긴 것으로 유명했으며, 대한민국 국새 1호를 제작하기도 했다. 또한 《보소당인존寶蘇堂印存》에 찍힌 인장들이 대한제국 시기에 화재로 소실되자, 그 모각본을 제작하는 사업에 참여하기도 했다.

《동아일보》
창간 제호를 쓰다

김돈희가 서예가로서 한 일 중 가장 보람된 것은 아무래도 민족 신문으로 불렸던 《동아일보》의 창간 '제호題號'를 쓴 일일 것이다. 1920년 창간한 《동아일보》는 제호 디자인을 한국 최초의 서양화가 춘곡 고희동에게 맡긴다. 고희동은 고민 끝에 고구려 강서대묘 벽화에서 착안하여, 하늘을 나는 두 선인仙人이 《동아일보》 제호를 떠받치는 형상을 구상해낸다. 문제는 그 제호를 누가 쓰느냐 하는 것이었는데,

당시 최고 서예가로 인정받고 있던 김돈희에게 부탁한다. 김돈희는 반듯한 예서체 한자로 '동아일보 창간호'라 제한다.

　가슴을 드러내고 하늘을 나는 선인들의 다소 파격적인 역동적 몸동작과 단정하고 힘 있는 김돈희의 글씨는 조화를 잘 이루었다. 한국적인 소재를 서구적 디자인으로 소화한 고희동의 디자인과 동양적 지성을 상징하는 서예가 만나 멋진 혼성을 이루어낸 훌륭한 구성이라 할 만하다.

한국 서예사에서의 위치

　　　　　김돈희는 근대기 서예가로서 최고의 위치에 있었고 실력 면에서도 최고였음은 누구도 부인할 수 없는 사실이다. 그러나 일제에 협력한 친일 인사라는 사실 또한 변명할 여지가 없다. 이런 이유로 그의 글씨 솜씨에 비해 한국 예술계에서 그를 본받을 만한 서예가로 대접하지는 않는다. 이제껏 그에 대한 변변한 서예전조차 한 번 열린 적 없는 건 이런 이유에서다.

《동아일보》 창간 당시 제호

《동아일보》 1920년 4월 1일

그러나 실제 김돈희의 행적을 들춰 보면 그의 이름을 친일 행적과 함께 모조리 묻어 버려야 하는가에 대해서는 의문이 생긴다. 그를 **빼놓고서는** 한국 근대기 서예사를 말할 수 없기 때문이다. 그의 수제자가 다음 세대 최고인 손재형이고, 손재형의 수제자가 한글 서예를 발전시킨 서희환徐喜煥(1934~1995)이라는 계보를 생각하면 더욱 그렇다. 그만큼 한국 서예사에는 김돈희의 체취가 듬뿍 배어 있다.

　　김돈희의 삶은 빛과 그늘이 교차된 이중적 모습을 보인다. 미술이라는 것이 사랑과 희망, 기쁨뿐만 아니라 슬픔과 좌절, 고통을 담듯이, 미술사 연구도 빛을 보인 측면뿐만 아니라 그늘진 모습도 담아야 하지 않을까. 단순하게 친일 서예가로서 홀대할 것이 아니라 그가 보여준 미술세계의 '공功'과 '과過'를 엄격히 따져, 한국 서예사의 본 모습을 이해하는 기준으로 삼아야 할 것이다.

한국 최초로
시사만평을 그린 이도영

한국 근대미술은 1911년 창설된 '서화미술회'의 설립에서 시작되었다
해도 과언이 아니다. 본래 서화미술회는 대원군 이하응의 수하에서 활동
하던 평양 출신의 서화가 옥경 윤영기가 설립한 한국 최초의 근대 미술교
육 기관이었다. 그러나 겨우 1년 만에 매국노 이완용의 농간에 운영권을
빼앗기고 안중식과 조석진이 맡아 운영하게 된다.

서화미술회는 '서과書科'와 '화과畵科'로 나누고 미술에 뜻이 있는 젊은
이들을 받아들여 서화가를 양성하고자 했다. 기간은 3년이었으며 서과의
선생은 강진희, 정대유, 화과는 김응원, 강필주, 이도영 등이었다. 제1기
학생은 이한복, 오일영, 이용우, 제2기생은 김은호, 제3기생은 박승무,
제4기생은 이상범, 노수현, 최우석 등이었다. 재능 있는 학생들이 많이
모여 들었다.

그런데 이들 선생과 학생 중에는 매우 독특한 위치에 있던 인물이 한

이도영, 〈국화〉(1920)

명 있었다. 선생이면서도 다른 선생의 제자뻘이었고 학생들과도 나이 차이가 많지 않아 마치 선배 같은 인물, 바로 관재貫齋 이도영李道榮(1884~1933)이었다. 이도영은 서화미술회가 설립되기 전부터 이미 안중식에게 드나들며 배우던 선배 같은 이였다. 그러니 선배 같은 스승이었다. 요즘 대학으로 따지자면 젊은 교수나 조교 정도였던 셈이다.

장승업의 맥을 이은
빼어난 기교

　　　　　　　　　북촌 가회동 지역에서 태어난 이도영은 창덕궁 남쪽 원남동 지역으로 이주하여 살았다. 이도영의 집안은 당시 화가 지망생으로서는 비교적 좋은 편이었다. 조선시대의 화가들은 대부분 중인이거나 신분이 미미한 사람들이었다. 그러나 이도영이 태어난 연안 이씨 집안은 이종우李鍾愚(1801~?), 이공우李公愚(1805~?), 이교익李敎翼(1807~?) 등 선비 서화가를 배출한 명망 있는 집안이었다.

이도영은 1901년부터 안중식 문하에 들어가 그림을 배웠다. 그는 타고난 재주로 일취월장하는 실력 향상을 보였다. 스승 안중식이 오원 장승업의 솜씨를 내려 받았듯이 이도영 또한 안중식의 솜씨를 그대로 빼박았다. 때로는 안중식의 그림 중에 장승업 못지않은 것이 있듯이, 이도영의 그림 중에도 안중식의 그림에 버금가는 것이 많다.

장승업, 안중식, 이도영 3대를 관통하는 화법상의 가장 큰 공통적 특징은 빼어난 기교이다. 이들은 같은 시기에 활동한 다른 작가들에 비해 훨씬 뛰어난 솜씨를 지녔다. 장승업이 공부를 하지 못해 글씨에 미숙했던

協展을아페두고
製作에낫븐畵伯들（1）

貫齋 李 道榮 氏
西園雅集圖執筆中

그림 그리는 이도영
《동아일보》 1928년 10월 25일

것만 예외였을 뿐, 나머지 미술 기교는 의발을 전수받은 듯 모든 것이 닮았다. 그만큼 재주에 승한 화가들이었다. 특히 안중식과 이도영은 글씨까지도 매우 닮았다.

전통 소품을 살리려 한
기명절지화의 명인

전통 회화 방면에서 이도영은 장승업의 영향을 강하게 받은 스승 안중식의 화풍을 계승했다. 그러나 장승업과 안중식이 산수화를 기본으로 한 것과 달리, 이도영은 산수화에는 능력을 보이지 못하고, 화조화·고사인물화·기명절지도 등을 잘 그렸다. 평소 소심하면서도 다정다감하고 여린 성격 때문인지 비교적 호방한 산수화보다는 섬세하고 부드러운 화조화가 더 잘 어울렸던 것으로 보인다.

이도영의 화조화 필치는 매우 단정하면서도 정교했다. 그러나 그의 그림들은 중국 화보를 크게 벗어나지 못했다. 이는 중국에서 공부한 스승의 영향 때문이기도 하다. 꽃은 사군자나 동양의 꽃들에 채색을 넣어 그린 것이 많았다. 새는 기러기와 오리 등을 잘 그렸으며, 한국의 전통적인 작은 새들도 많이 그렸다. 그의 그림 중에서 당시 가장 인기 있던 화목은 '노안도蘆雁圖'나 대나무, 국화 그림 등이었다.

그의 능력이 가장 잘 발휘된 화목은 단연 인물화와 기명절지화이다. 인물화는 주로 고사인물화나 도석인물화 등의 전통적인 주제를 다루었다. 단순화된 인물 표현과 빠른 필치, 간결한 화면 구성이 특징이었는데 빼어난 솜씨를 보였다. 특히 얼굴의 표정이나 옷가지 각 부분의 자연스러운

• 이도영, 〈노안도〉 •• 이도영, 〈옥당청품〉

국립중앙박물관 소장 │ 이화여자대학교박물관 소장

표현은 타의 추종을 불허했다.

기명절지도 또한 동시대의 다른 작가들과 차별되는 수준과 개성을 선보였다. 기명절지도는 중국에서 발전하여 19세기 후반 장승업 이래로 조선에서 유행한 화목이다. 이후 안중식과 그의 제자들에 의해 한국 회화의 중요한 소재로 일세를 풍미했다. 이도영의 기명절지는 이들의 계보를 잇긴 했지만 이전 것과는 달랐다.

본래 기명절지도 속에 나오는 그릇들은 보통 중국의 기명들인데, 이도영의 작품에서는 삼국시대, 고려시대 등 우리나라의 청동기나 기명을 그리려는 노력을 한 것이 있다. 이러한 모습은 그의 한국 미술에 대한 애정에서 시작된 것이다. 이렇게 뛰어난 솜씨에도 한국 미술사에서 늘 장승업, 안중식의 아류로서 평가되는 것은 아쉬운 일이다.

이도영이 스승의 세계에서 벗어나지 못했다는 인식은 이도영의 미술세계를 너무 좁은 관점에서 본 오류이다. 실제 이도영은 스승의 품안에서 벗어나 근대 인식을 갖기 위해 적극적으로 노력했다. 그의 노력은 열강들에 의해 새로이 들어온 언론이나 교육 등을 만나며 새로운 꽃을 피우게 된다.

그는 새로 발간되는 신문에 만화를 그리고, 잡지나 학교에서 사용되는 교과서에도 많은 삽화를 그렸다. 또한 대중적으로 인기 있던 딱지본 소설이나 잡지의 표지를 그리기도 하는 등 새로운 미술 양식을 현실화하기 위해 많은 노력을 했다.

퇴폐 행태,
일제 강압 등 풍자

　　　　　이도영이 활동한 여러 분야 중에서 만화 부분, 특히 시사만평 분야에서의 활동은 한국 만화 발전의 시금석이 되었다. 그는 대한제국 시기 일어난 애국계몽운동에 참여하면서 풍자성이 강한 시사만화를 신문에 게재했다. 이는 우리나라 시사만화의 효시라 할 만한 중요한 일이었다.

　1909년 6월 2일 오세창은 일본에서 돌아와 《대한민보》를 창간한다. 그는 일본에서 본 신문의 양식을 참고하여 신문에 만평을 넣을 생각을 한다. 그래서 안중식과 조석진에게 도움을 청하니 두 사람은 적극적으로 이도영을 추천한다. 새로운 문화에 욕심이 많던 이도영 또한 일본 만화 등을 참고하며 만화 그릴 준비를 한다.

　이도영은 《대한민보》 창간호에 연미복을 입고 서양 모자에 지팡이를 든 개화신사

이도영 삽화
《대한민보》 1909년 6월 2일

가 "대국大局의 간형肝衡, 한혼韓魂의 단취團聚, 민성民聲의 기관機關, 보도報道의 이채異彩"라고 말하는 모습을 그려 새로운 신문 양식이 출현했음을 알린다. 한국 최초의 만평이 탄생되는 순간이었다.

이도영의 시사만평은 무분별한 신문화의 유입에 대한 경계, 교육 실태에 대한 풍자, 일본의 강압적 행태에 대한 비판이 주를 이루었다. 또한 친일 인사를 비롯하여 외국 자본가나 국내의 지주 계층에 대한 지적, 관료계층의 반민족성 질타, 사회의 퇴폐적 행태 폭로 등 근대기 우리나라의 사회·문화·정치 실태와 인물 등 다방면에 대한 풍자와 비판도 서슴지 않았다.

표지화·삽화 분야를
개척하다

이도영은 근대기에 등장한 신문과 잡지, 소설 등의 표지화와 삽화도 자주 그려 이 분야에서도 선구자 중의 한 명으로 평가받는다. 신소설 작가 이해조李海朝(1869~1927)의 《구마검驅魔劍》과 유일서관에서 출간한 《홍도화紅桃花》, 동양서원에서 나온 《행락도行樂圖》·《십오소호걸十五小豪傑》 등의 표지가 모두 그의 솜씨였다.

또한 1907년에 발족된 '대한협회' 교육부에서 미술교과서 제작·출판을 주요 사업으로 추진할 때 참여했으며, 이를 계기로 《도화임본圖畵臨本》,《연필화임본鉛筆畵臨本》 등 도화 교과서의 원화原畵를 맡아 그리기도 했다.

이도영은 당시 상당수의 화가들이 애호가들의 취향에 맞는 감상용 회화를 그릴 때, 새로운 미술 형태인 시사만평을 비롯하여 교과서 원화, 잡지의 표지화나 삽화 등에 눈을 돌린 선구자였다. 이도영의 활동은 인쇄매체의 대중적 역할을 일찍이 깨달은 데서 나온 행동이었다. 이러한 매체들을 통해 대중들의 각성과 애국계몽을 실현시키고자 했다는 점에서 이도영은 근대 미술사에서 긍정적인 평가를 내릴 만한 중요한 인물이다.

이도영 《행락도》 표지화
〈근대 서화, 봄 새벽을 깨우다〉
(국립중앙박물관, 2019)

조선미술전람회 입선한
명월관 주인 안순환

일제강점기의 미술사를 공부하다 보면 호가 같거나 이름이 비슷해서 혼동되는 경우가 많다. 그중 하나가 '죽농竹儂'이라는 호를 같이 쓰는 두 명의 서화가이다. 두 사람은 공교롭게도 한자까지 같은 호를 쓰고, 주로 그리는 그림도 사군자여서 헷갈리는 경우가 많다. 작품에 호만 있고 이름이 적혀 있지 않으면 누구의 작품인지 알기 어려울 때가 있을 정도다.

보통 서화계에서 '죽농'이라는 호를 말하면 대구의 서화가 죽농竹儂, 竹農 서동균을 말하는 경우가 많다. 그는 중국 상해에서 민영익 등과 교류하며 공부한 석재石齋 서병오의 제자로 스승의 영향을 받아 중국풍의 호방한 난초와 대나무를 잘 그렸다. 글씨 또한 먹 맛이 농후한 행서를 잘 썼다.

그런데 이름 없이 호만 '죽농'이라 쓰면 서동균 외에 또 다른 '죽농'을 떠올리기도 한다. 바로 유명한 요릿집 명월관을 세운 죽농竹儂 안순환安淳煥(1871~1942)이다. 안순환은 요릿집을 경영한 사업가로 유명했지만, 한

때 서화를 수집하고 서화 거간도 했으며, 서화에 능하여 묵죽·묵란으로
조선미술전람회에서 입선까지 한 재능 있는 사람이었다.

대령숙수 그만두고
명월관 설립

　　　　　　영남에서 태어나 서울로 이주한 안순환은 어릴
때부터 체격이 좋고 힘이 장사였다고 한다. 17세가 되던 해 아버지가 세
상을 떠나자 홀로 노력하여 몇 년은 머슴으로, 또 몇 년은 음식점 조수로
지내는 등 온갖 험한 일들을 겪으며 음식에 관해 조금씩 배우기 시작한

명월관 본점 사진엽서
서울역사박물관 소장

다. 이후 궁에 들어가 음식 일에 관여하며 음식에 관해서는 어느 누구도 따라올 수 없는 사람이 되었다.

궁중에서 일상적인 음식의 조리는 상궁들이 주로 했지만, 환갑연이나 고희연과 같은 잔치를 할 때나 연향을 베풀 때에는 전문적인 남성 주방장인 숙수를 불러 일을 맡겼다. 숙수 중에서 궁중에 전속되어 궁중의 연향 요리를 도맡아 하던 이들을 '대령숙수待令熟手'라고 불렀다. 조선왕조의 마지막 대령숙수가 바로 안순환이었다.

안순환은 궁내부 전선사典膳司에서 내외 소주방의 주방 상궁들과 대령숙수들을 관리했고, 공물 또는 진상의 형태로 궁중에 들어오는 진상품을 관리하는 일체의 일을 모두 담당했다. 그러나 1905년 을사늑약으로 나라가 기울고 1910년 한일병합이 이루어지자 전선사는 인원을 대폭 감축하고, 1907년이 되자 총독부는 궁내부를 아예 없애버린다.

안순환은 정3품인 이왕직 사무관으로 임명되었지만 스스로 궁에서 물러나온다. 안순환은 대궐을 나오며 궁의 음식을 마련하던 숙수들을 끌어모아, 1909년 현재의 동아일보사 자리인 '황토마루'에 명월관이라는 조선 궁중 요릿집을 연다. 그동안 궁중에서만 먹을 수 있던 궁중 요리를 일반인도 먹을 수 있게 한다는 획기적인 계획이었다.

당시 고관대작들은 외국의 공사관들과의 만남을 위해 출입하던 곳은 주로 청요리집이나 일식집이었다. 그런데 우수한 조선 음식을 전문으로 하는 요릿집, 게다가 궁중 요리를 하는 집이 생겼으니 많은 사람이 찾을 것은 당연한 일이었다. 또한 관기官妓 제도가 폐지되자 어전에서 가무를 행하던 궁중 기녀들까지 명월관으로 모여 들면서 안순환의 사업은 날로 번창하게 되었다.

명월관의 명물
예술 기생

        명월관이 최고 명성을 떨친 것은 역시 예기藝妓와 악공들 덕분이었다. 당시 기생들은 글씨, 그림, 춤, 노래, 악기 연주, 시, 예절 등을 철저히 배워 교양과 예의범절에 익숙한 매력적인 인물들이었다. 당시의 많은 고관대작들이나 부자들은 명월관을 찾아 기생들을 술 벗으로 했다. 기생들의 뛰어난 소양에 눈을 홀려 가슴앓이를 하는 신사들도 많았다.

**명월관 기생 오산홍과
손님들의 그림**

명월관에는 한성권번 등 서울 기생들이 많았으나 점차 기예에 뛰어난 평양 기생들이 와 서로 경쟁하는 일도 있었다. 당시 명월관에서는 서울 기생 산홍 오귀숙이 유명했다. 한국의 유명한 서화가인 김규진, 김응원, 이한복 등 여러 문화계 인사들이 찾아 서화를 나누었고, 고관대작이나 일본인들도 많이 찾았다.

명월관의 중요한 요리로는 '교자상 요리'를 들 수 있다. 원래 '교자交子'란 궁중연회가 끝난 후에 임금이 민간에 하사하는 음식을 여러 명이 둘러앉아 함께 먹던 것을 의미했다. 그러나 안순환은 교자상 음식을 4인이 둘러 앉아 가득 차려진 음식을 먹는 것으로 변형시켜 새로운 형태로 개발했다. 이것이 현재 한정식의 원조이다.

기미독립선언서 낭독과 태화관

1918년 명월관에 불이 나자 안순환은 명월관 명의를 이종구李鍾九에게 넘기고, 인사동에 새로 분점 격인 태화관泰和館을 차린다. 태화관은 본래 '순화궁順和宮'이었는데 이완용이 소유하게 되었다. 그런데 이완용이 집주인이 되며 자꾸 이상한 일이 일어나기 시작했다. 괴이한 변괴가 자꾸 잇따르고 소문이 흉흉해지자 이완용은 급기야 집을 내놓고 안순환이 얻어 명월관 분점을 열게 된 것이다.

이듬해 1919년 3월 1일. 11시가 넘자 태화관으로 한두 명씩 모여들었다. 독립만세를 부르기 위한 중요한 모임이었다. 이날 안순환은 천도교 손병희로부터 중요한 모임이 있으니 다른 손님들을 받지 말고 33인분의 점심을 준비하고 각별히 신경을 써달라는 전화를 받고 준비한 것이었다. 손병희는 명월관 시절부터 안순환에게는 큰 손님이었다.

당초 독립선언은 고종 황제의 국장날인 3월 3일 발표하기로 예정되어 있었다. 그러나 국장일의 거사는 붕어한 황제에 대한 불경이라 피했고, 3월 2일은 일요일이라 기독교계 민족대표들이 찬성하지 않았다. 결국 3월 1일로 날짜가 잡혀 거사를 하게 된 것이다.

3·1만세운동 이후 태화관의 영업은 정지되었다. 안순환은 하는 수 없이 종로에 '식도원食道園'이란 요릿집을 다시 차린다. 식도원은 화려하고 기생들의 향긋한 분 냄새로 가득했던 명월관과는 달리 양반가의 사랑방처럼 꾸미고 혹시 모를 시회詩會를 위해 연상硯床과 필통筆筒까지 준비해놓은 격조 있는 곳이었다. 당연히 많은 시인 묵객들이 모여들었다.

이케베 히토시池部鈞, 〈경성 식도원〉

해강 김규진에 배운
수묵화 솜씨

안순환의 또 다른 일면은 서화에서 찾을 수 있다. 그는 난초와 대나무를 잘 그렸다. 전문적인 화가의 솜씨에 이르지는 못했으나, 일반인의 솜씨는 벗어난 수준급의 작품이었다. 해강 김규진의 영향을 많이 받은 그의 수묵화는 난 잎이 길게 쭉쭉 뻗어 얽매임이 적고 글씨 또한 필치가 활달했다.

안순환이 김규진과 쉽게 어울릴 수 있었던 것은 김규진이 명월관에 소속되어 있거나 드나드는 기생들에게 사군자를 가르친 인연 때문이다. 두 사람은 나이 차이도 많지 않고 성격도 맞아 크게 부딪히는 일이 적어 늘 같이했다. 더욱이 안순환의 사업이 크게 번창하여 경제적 여력이 있어 김규진의 그림 그리는 일을 돌보는 후원자(패트론) 역할도 했기 때문으로 보인다.

한때 김규진과 안순환 두 사람은 함께 전국의 명승을 유람하며 서화 작업을 했다. 전국의 사찰이나 명가 집에는 김규진과 안순환이 함께 작업한 현판이 남아 있는 곳이 많다. 개운사, 고란사, 마곡사, 송광사, 해인사 등에는 안순환이 주변에 난초와 대나무를 그리고 김규진이 가운데에 절 이름을 쓴 현판이 많이 남아 있다.

말년에 안순환은 1930년 시흥군에 선조인 안향을 모시는 '녹동서원鹿洞書院'을 창건하고, 사재를 털어 민족의 시조인 단군을 모시는 '단군묘檀君廟'를 세운다. 또한 '조선유교회朝鮮儒教會'를 창립하고, 능력을 갖춘 유학자를 양성하기 위해 '명교학원明教學院'을 운영하는 등 유학자와 교육자의 삶을 살다 세상을 떠난다.

안순환, 〈석란〉(1928)

금강산 그림의 전통을 이은 산수화의 명인 변관식

1910년대 안중식과 조석진이 지도한 '서화미술회'는 한국 근대미술사의 중심인물이 될 여러 화가를 배출한다. 오일영, 이용우, 김은호, 박승무, 이상범, 노수현, 최우석 등 누구 하나 부족함이 없는 인물들이 그들이다. 이들 외에 소정小亭 변관식卞寬植(1899~1976) 또한 정식 학생은 아니었으나 서화미술회에 출입하며 그림을 배워 성장한 화가였다.

변관식은 조선의 마지막 화원인 소림 조석진의 딸인 함안咸安 조씨趙氏의 둘째 아들이다. 그러니 조석진에게는 외손자가 된다. 또한 조석진은 조선 후기 저명한 화가인 임전琳田 조정규趙廷奎(1791~?)의 손자이기도 하니 변관식은 조정규의 고손 격이다. 4대에 걸쳐 화업을 이은 화가 명문 출신인 것이다. 세 사람의 호가 '임전琳田'에서 '소림小琳'으로, '소림小琳'에서 다시 '소정小亭'으로 한 글자씩을 이어받으며 대물림한 것도 이러한 내림 그림을 상징한다.

서화미술회
젊은 화가들의 고민

　　　　　변관식은 12세 때 외조부인 조석진을 따라 상
경하여 2년 후 지금의 종로 5가에 있던 어의동於義洞보통학교 3학년에 편
입한다. 어린 시절부터 내림 그림이었는지 일본인 교사의 수신 과목 수업
시간에 몰래 그림을 그리다 들켰는데 일본인 교사는 변관식의 재능을 대
번에 알아보고 계속해서 그림을 그릴 것을 권유했다고 한다.

그림 그리는 변관식(1975), 이중식 촬영
《소정 변관식》(예경산업사, 1981)

보통학교를 졸업하자 변관식은 조선총독부에서 세운 공업전습소 도기 과陶器科에 입학한다. 이곳에는 외할아버지인 조석진이 촉탁으로 근무하고 있었다. 도자기를 만드는 곳이었으나, 변관식은 도자기 제작보다 오히려 도자기에 그림 그리기를 더 좋아했다고 한다. 변관식이 훗날 도화陶畵를 자주 그린 것도 이때의 경험에서 비롯된 것이다.

변관식은 2년 과정의 공업전습소를 마치고, 1916년부터 외조부인 조석진 문하에서 본격적으로 그림을 배우기 시작한다. 조석진이 교수로 있던 서화미술회에도 연구생 자격으로 나가 그림을 배운다. 이때 만난 또래 친구들과는 평생 우정을 나눈다. 특히 김은호와 유난히 친하게 지냈다.

당시 한국 화단은 새로운 미술사조의 유입과 함께 격변하는 시기였다. 조선시대의 미술교육기관인 도화서가 폐지되고 이를 대체할 새로운 본격적인 정규 미술교육 기관이 없던 상황이었다. 유일한 사설 교육기관이 서화미술회였고, 얼마 후에 김규진에 의해 서화연구회가 만들어진다. 이 두 개의 미술교육 기관은 서로 대립하며 경쟁 관계가 된다.

당시 서울에는 이 두 단체 외에도 일본인 화가들인 시미즈 도운, 야마모토 바이카이, 구보타 텐난, 가타야마 탄 등이 운영하던 화숙이 있었다. 변관식 등 친구들은 일본 화가들의 새로운 작업을 보며 일본 미술사조를 배우기도 하고, 직접 일본으로 유학을 떠나고자 하는 등 새로운 세상에 적응하기 위해 많은 노력을 한다. 또한 1922년 문화정책의 일환으로 생긴 조선미술전람회에도 참여하며 화가로서의 성공을 꿈꾼다.

당시 변관식뿐만 아니라 김은호, 허백련, 이상범 등 괄목한 만한 활동을 하던 젊은 화가들은 주로 전통적인 조선 남화를 그렸으나, 한일병탄 후 일본으로부터 유입된 새로운 미술 양식 사이에서 자신의 길을 찾느라 매우 고민하던 시절이었다. 특히 조선미술전람회를 통해 뛰어난 일본의 화가들이 심사위원으로 오자, 이들의 영향을 받은 화가들은 직접 일본으로 건너가 새로운 문물을 배우고자 했다.

일본 유학과
일본화풍의 영향

1925년 변관식은 김은호와 함께 미술계 후원자로 유명한 이용문의 후원으로 일본 도쿄로 유학을 떠나 1929년까지 '신남화풍'을 접하면서 화풍의 폭넓은 발전을 꾀한다. 그는 도쿄에서 '일본남화원'을 세운 일본의 대표적인 남화가인 고무로 스이운小室翠雲(1874~1945)의 문하에 드나들며 그의 화풍을 배웠다.

고무로 스이운은 조선미술전람회의 심사위원으로 한국을 방문하고, 한국인 화가 김용수金龍洙(1901~1934)를 제자로 받아들인 적이 있는 친한파 화가였다. 고무로 스이운의 작품은 정교한 구성에 감각적인 수묵 처리와 수채화처럼 맑은 색감을 보여 현대적 느낌이 나는 것이 특징이다. 이를 '신남화'라 불렀다. 변관식은 한동안 스승의 영향을 받으며 감각적인 신남화풍을 배우려 힘쓴다.

그런데 현전하는 변관식의 작품 중에는 그러한 느낌이 나는 것이 거의 없다. 아마 변관식이 일본 유학 후 신남화의 영향을 받고 있는 자신의 모습에 만족하지 못해 스승의 영향에서 벗어나려 했기 때문으로 보인다. 오히려 이를 계기로 자신만의 화풍을 얻으려 많은 노력을 한 것 같다.

이 때문에 어떤 학자는 변관식이 실제로 고무로 스이운의 영향을 많이 받았는지 의심하기도 한다. 그러나 변관식의 그림 중에 고무로 스이운

● 변관식의 산수화 ●● 고무로 스이운의 산수화

의 영향이 가득한 작품이 간혹 발견되는 것을 보면 변관식이 고무로 스이운의 화숙을 드나들었고 그와 비슷한 그림을 그린 것은 분명한 사실인 듯하다.

금강산 실경
산수 제작에 몰입

일본에서 돌아온 변관식은 서화협회의 일을 맡으며 본격적으로 한국 화단과 밀접한 관계를 맺는다. 그는 1937년 한국적인 그림을 그려야 한다는 작가적 소명을 가지고 금강산에 들어간다. 외금강, 내금강뿐만 아니라 금강산 주변을 돌아다니며 수많은 명승지를 사생한다. 이때 보고 사생한 경험은 훗날 변관식의 회화세계의 중심을 이루는 큰 자산이 된다.

이후에도 변관식은 진주, 전주 등 경상, 전라도 각지를 돌아다니며 한국의 자연을 그린다. 평생 다시하기 힘든 사생여행은 그의 작품세계의 깊이를 더해주었으며, 그의 독특한 필법인 '적묵積墨화법'을 강하게 구축시켜 주었다. 갈필渴筆을 사용한 적묵법과 제멋대로 그은 듯한 선묘는 점점 더 더욱 거칠어졌고, 특유의 깊이 있고 그윽한 분위기를 만들어 냈다.

그의 화법은 말년에 이른 시기인 1960년대 들어 절정을 이룬다. 산만하던 선들은 춤추는 듯 점차 리듬감이 생겨 자연스러워졌고 먹을 조금씩 쌓아 가며 덧쌓은 화면은 종이에 스며들며 실제 풍경에서 보이는 자연의 강인한 모습을 품격 있게 보여주기 시작한다.

특히 금강산 기행을 추억해 그린 만물상, 단발령, 삼선암, 옥류동, 진주

변관식, 〈옥류청풍〉(1961)

〈청전·소정〉(갤러리 현대, 2019)

담 등을 그린 풍경은 변관식 미술의 절정을 보여준다. 삼선암 같은 기세 있는 봉우리는 주로 직선을 사용하여 강하게 표현했고, 만물상·단발령 같은 아기자기한 산들은 짧은 선들을 중첩하여 다양한 산세를 부드럽게 표현했다. 이 밖에 진주성 촉석루나 '무릉도원'을 그린 산수화 등도 필법이 무르익어 화가 말년의 원숙함을 보여준다.

'냉면 그릇 투척사건' 등
술 관련 일화 많아

화가 '변관식' 하면 묵직한 그림과 금강산이 생각나지만 그와 가까웠던 사람들은 술을 떠올리는 이들이 많다. 그는 평생 늘 술을 가까이 했는데, 주로 소주를 즐겨 마셨다. 그의 사생여행은 늘 술과 함께였고, 화단 친구들과 문제가 생기게 만든 것도 술이었다. 그만치 그의 술에 관한 일화는 많다.

해방 후 창설된 대한민국미술전람회(이하 국전)의 심사위원을 할 때 벌어진 변관식의 '냉면 그릇 투척 사건'도 알고 보면 그의 성격과 술 때문에 생긴 것이다. 당시 국전은 심사위원 선정으로 늘 말썽이었다. 심사위원 선정에 서울대와 홍대를 중심으로 한 제도권 작가들이 주도권을 행사했고 재야에 있던 변관식은 자주 소외되었던 것이다.

한번은 심사 도중에 점심을 먹게 되었는데, 건너편에 주류들이 앉아 있었다. 마침 반주로 소주 한잔을 한 변관식이 건너편 심산 노수현을 보고 냅다 냉면 그릇을 던졌다. 그동안 '국전'을 주도해 온 노수현·배렴·이상범 등에 대한 분노의 표시였다. 노수현은 상처를 입고 자리는 난장

변관식, 〈외금강 삼선암 추색〉(1959)

〈청전·소정〉(갤러리 현대, 2019)

판이 되었다. 이 정도로 변관식의 성격은 불같았다. 특히 술을 마시면 절제가 되지 않았다.

변관식의 그림 속에는 인물이 자주 등장한다. 대부분 몸을 앞으로 수그리고 어디론가 바삐 몸을 움직인다. 특별한 목적지가 있는 것도 아닌데 그리 바쁘게 가는 건 혹시 술꾼이 술자리를 찾아가는 것이 아닌가 싶기도 하다. 옷매무새도 단정치 않고 갓도 흐트러지게 쓴 것을 보면, 술친구를 찾아가는 변관식 자신의 모습인 듯하다.

많은 이들이 술만 자제했으면 변관식이 더 오래 살면서 좋은 작품을 더 많이 그렸을 것이라 아쉬워한다. 그러나 화가에게 술이 없으면 무슨 그림을 그릴 수 있겠으며 술 없는 인생이 변관식에게 무슨 즐거움이 있었겠는가? 술은 그에게 그림을 그리게 하는 가장 좋은 원동력이 아니었나 싶다. 그런 의미에서 보면, 그는 또 한 명의 아름다운 '화선畵仙'이었다.

늘 경계인이었던
월북 서양화가 임군홍

혜화동을 지나 명륜동에 이르러 154번지에 가면 커다란 감나무 한 그루가 서 있는 집이 보인다. 지금은 붉은 벽돌로 새로 지은 집이 자리잡고 있지만 예전엔 제법 큰 한옥이 있던 자리이다. 이제는 옛 집의 모습은 사라지고 늙은 감나무만이 이 집이 사연 많은 집임을 증명해 주는 듯하다.

이 집터는 근대기 한국 화단의 대표적인 화가 중 한 명인 서양화가 임군홍林群鴻(1912~1979)의 집이 있던 자리이다. 임군홍은 뛰어난 그림 실력을 가졌으나 한국전쟁 때 월북하여 한동안 전시 및 연구 등이 금지되던 불운한 화가이다. 일제강점기와 한국전쟁을 거치며 파란만장한 인생을 보낸 그의 일생은 불행한 한국 근대사의 축소판 같다.

우연한 기회에 임군홍의 아들 임덕진 씨를 만나게 되었다. 그의 모습을 보는 순간 책에서만 보던 임군홍이 되살아온 듯 두 부자의 모습이 겹쳐졌다. 조선시대 초상화를 연구하다 그 후손들을 만나보면 순간적으로 선뜻 놀라는 경우가 있다. 후손의 모습이 초상화 속 선조의 모습을 많이 닮았기 때문이다. 역시 '피는 못 속인다'는 옛말이 실감나는 순간이었다.

독학으로 그림을 배운
노력파

　　　　　임군홍은 일제강점기 한국 화단을 대표할 만한 작가 가운데 정규 교육을 제대로 받지 못하고 독학으로 공부한 화가로 유명하다. 이런 면에서 박수근과 매우 유사하다. 중구 인현동에서 태어난 그는 어려서부터 그림 그리기를 좋아했다. 그러나 어려운 가정 형편으로 1927년 주교보통학교를 졸업하고 학업을 그만둔다.

임군홍이 해방 후 살던 명륜동 집터

상급학교 진학을 못한 임군홍은 낮에는 신문 배달과 개인병원 등에서 일하다가 밤에 양화연구소에 나가 그림을 배운다. 처음에는 매우 힘들었으나 점차 형편이 좋아지자 일본에서 발행된 미술 자료 등으로 공부하며 뛰어난 성과를 보인다. 비록 미술학교를 다니지는 못했지만 다른 미술학도 못지않게 열심히 노력했기 때문에 가능한 일이었다.

임군홍이 화단에 처음 이름을 알린 것은 1931년 제10회 조선미술전람회에 〈봄의 스케치〉라는 작품을 출품하여 입선에 들면서부터이다. 이후

베이징에서의 임군홍(오른쪽)
ⓒ 임덕진

1936년부터 1941년까지 〈여인 좌상〉, 〈모델〉 등을 출품하여 6년 연속 입선한다. 이후 화가로서 어느 정도 자리가 잡히자 친구인 화가 엄도만嚴道晚(1915~1971)과 함께 '예림도안사'라는 업체를 차리기도 한다. 하지만 운영이 여의치 않아 곧 그만둔다.

중국 체류 시절
인상화 화법 정착

임군홍은 1939년 27세에 중국을 여행하던 중 중국 풍광에 매료되어 한커우漢口(지금의 우한武漢)라는 지역에서 '한구미술광고사'라는 회사를 설립하여 사업을 시작한다. 다행히 사업은 잘 되어 생활이 안정되었고, 가족을 불러 들여 여유로운 삶을 보내게 된다. 이런 생활은 해방이 될 때까지 계속된다.

그는 사업 성공으로 경제적인 문제를 걱정하지 않고 그림을 그릴 수 있었다. 한커우의 항구 풍경을 그리기도 하고, 중국의 수도인 베이징을 찾아가 사생여행을 하기도 했다. 베이징에서는 자금성을 비롯한 이국적인 중국의 유적에 반해 그 지역을 미친 듯이 그린다. 이렇게 그린 중국 풍경은 훗날 그의 미술세계를 규정짓는 중요한 색채가 된다.

중국에서 그린 작품은 대부분 유럽 인상파 화풍을 따랐다. 당시 인상파 화풍이 유행하기도 했지만, 베이징 지역의 고풍스러운 고궁 풍경과 유적을 그리는 데 인상파 화풍이 잘 맞았기 때문이기도 하다. 그의 작품은 물감을 넉넉히 칠하여 색감을 풍부하게 하는 특징이 있었다. 화려한 색감은 중국이라는 이국적 정서를 표현하는 데에도 잘 어울렸다.

임군홍, 〈봄날의 자금성〉
ⓒ 임덕진

최승희 사건에 얽혀
곤욕 치러

　　　　　　　　임군홍은 해방이 되자 서울로 돌아와 명륜동에
정착한다. 중국에서의 사업 성공을 바탕으로 '우보당牛步堂'이라는 광고
미술사도 차린다. 임군홍은 사업 수완도 좋아 꽤 넉넉한 수입을 올렸다고
한다. 미군정하에서 《아카데미》라는 잡지의 홍보 간판을 제작하기도 했
다. 이 잡지는 미국 공보원에서 발행하는 것이라 실패할 염려가 없었다.

　1946년에는 신홍휴申鴻休(1911~1961), 엄도만, 한홍택韓弘澤(1916~1994),
박병수, 이종무李種武(1916~2003) 등 능력 있는 화가들로 구성된 '양화 6인
전'이라는 전시회를 열었다. 그러나 그의 인생이 계속 좋은 일로만 점철
된 것은 아니었다. 그는 당대 최고의 무희 최승희崔承喜(1911~1967)가 사회
주의자 안막安漠(1910~?)과 결혼하여 월북한 이후, 이들과 관련되어 뜻하
지 않은 감옥살이를 하게 된다. 그 내용은 참으로 어이없는 일이었다.

　광고회사를 하며 승승장구하던 그는 철도청 운수부의 일까지 맡아 하
게 된다. 마침 1947년 월력月曆을 제작했는데 이 월력이 문제가 되었다.
월력의 내용이 남조선을 전복하고 공산주의 국가건설을 선동하는 내용
을 담고 있다며 1948년 갑자기 철도 경찰에 의해 검거된 것이다. 월력을
제작하며 도면에 북노당 간부인 최승희의 그림을 실었고, 색채를 공산주
의를 상징하는 적색으로 했으며, 운수부 마크를 적색으로 했다는 것이 구
체적인 이유였다.

　최승희가 쓰고 있는 모자의 갓끈에 소련 16연방을 의미하는 16개의 염
주와 조선을 의미하는 1개를 합쳐 도합 17개의 염주를 그렸다는 것도 주
요 혐의였다. 도무지 말도 안 되는 이유였으나 당시 월북한 최승희 부부

임군홍, 〈가족〉
ⓒ 임덕진

의 영향력을 생각한 남조선 정부의 편협한 시각에 걸려 억울한 옥살이를
하게 된 셈이다.

감옥 생활을 마치고 나온 임군홍은 주로 진보적인 사상을 가진 사람들
과 어울려 활동한다. 그러다 1950년 한국전쟁이 터지자 명륜동 집으로
그를 찾아온 사람들과 함께 월북했다. 본래 임군홍이 사회주의 사상을 가
지고 있었는지는 명확하지 않다. 최승희 월력 제작 사건으로 투옥 생활
등을 겪으며 임군홍의 사상에 변화가 있었던 건 아닌가 추측해 본다.

'야수파'의 영향을 받은 듯한 대표작 〈모델〉

1946년작 〈모델〉은 임군홍의 다양한 회화관의
일면을 보여주는 대표적인 그림이다. 이는 앙리 마티스Henri Matisse(1869
~1954) 등 야수파의 활동에 영향을 받아 그린 것으로 보이는 세련된 구도
나 자유로운 색감 구사 등 그의 작품세계의 절정을 보여 주는 그림이다.
실제 이 작품의 기본이 된 소묘가 남아 있는데, 소재를 포착하는 솜씨가
매우 재빠르고 대상을 묘사하는 순간적인 솜씨가 지극히 감각적이다.

원본 소묘에 1940년이라는 일본식 연도와 서명이 적힌 것으로 보아 중
국 한커우에서 소묘한 것을 해방 후 서울로 돌아온 이듬해에 캔버스에 유
화로 옮긴 듯하다. 스케치한 시기와 본격적인 작품으로 제작한 시기가 5
년 정도의 차이가 난다. 이는 조국의 해방이라는 것과 관계가 있지 않을
까 싶다. 즉 해방을 맞이하여 예전에 그렸던 그림을 다시 크게 그려 완성
시킨 후 일본식 황기가 아닌 서기로 제작연도를 써 넣으려는 의도였던 듯

임군홍, 〈모델〉

ⓒ 임덕진

하다. 해방을 대하는 화가로서의 방식이었을지도 모르겠다. 이렇게 제작된 〈모델〉은 임군홍의 작품 중에서 화가로서의 능력이 가장 잘 발휘된 최고의 작품이라 할 만하다.

화가로서 재평가가 필요한 '경계인'

그동안 화가 임군홍에 대한 한국 화단의 시선은 그리 따뜻하지 않았다. 정규 미술 교육을 받지 않아 조직의 응원을 받지 못했고, 스스로도 조선미술전람회를 통해 입신하긴 했으나 최고의 수준에는 이르지 못했다. 전성기인 7년을 중국에서 보내 한국 화단과 멀어진 것 또한 화가로서 치명적인 결함이었다.

게다가 남북이 분단되는 과정에서 북쪽을 택함으로써 이데올로기의 굴레에서 벗어나지 못하기도 했다. 그는 철저하게 어느 한 곳에 머무르지 못한 '경계인'이었다. 그런 탓에 한국 화단에서 금기시하는 화가였고 중요한 작가로 평가 받지 못했다. 이제 사상적으로 해금도 되었고 다행히 연구할 작품도 많이 남아 있다. 그에 대한 적극적인 연구가 진행되어 가능한 한 빠른 시일 내에 재평가가 이루어져야 할 것이다.

유럽에 이름 떨친
첫 한국화가 배운성

2001년 한국 미술계는 프랑스 파리로부터 뜻하지 않은 즐거운 소식을 맞는다. 그동안 이름은 알고 있었으나 월북한 데다 작품까지 전하지 않아 미술세계를 알 수 없었던 저명한 서양화가 배운성裵雲成(1900~1978)의 작품 48점이 발견되었다는 소식이었다. 국내에 존재하는 작품이 한 점도 없었으니 놀랄 만한 소식이라 하지 않을 수 없었다. 이 작품들은 모두 그가 유럽에서 귀국한 1940년 이전에 제작한 것으로 한국 근대미술사의 어두운 부분을 밝혀 줄 희귀한 것들이었다.

한국 근대미술사에서 1950년 이전에 제작된 작품을 50여 점 이상 남겨둔 화가는 몇 되지 않는다. 30년 이전까지만 해도 '조선미술전람회의 기린아'라 불리며 명성을 날렸던 이인성만이 유일하게 100여 점 이상의 작품을 남겨 놓았다. 이에 반해 동시대에 활동한 작가들은 거의 작품을 남기지 못했다. 박수근, 김환기, 이중섭 등 명성을 날린 작가들의 작품도 대부분 한국전쟁 후에 제작된 것들이었다.

　그러던 차에 1988년 월북 작가들의 금지가 풀리자 새로운 작품들이 발굴되기 시작한다. 많은 작품들이 새로 보고되었지만 특히 임군홍, 이쾌대, 배운성 세 작가의 작품은 유족 등의 노력으로 여러 작품이 한 번에 발굴되어 한국 근대미술사의 지형을 바꾸는 획기적인 사건이 되었다. 이들 작품은 허술했던 근대기의 미술사를 채우는 중요한 자료가 되었다.

　먼저 1983년에 임군홍의 작품 100여 점이 아들 임덕진에 의해 세상에 알려졌고, 1991년엔 부인 유갑봉이 보존해 오던 이쾌대의 작품이 아들 이한우에 의해 세상에 공개되었다. 두 사람과 달리 배운성의 작품은 한 유학생에 의해 파리에서 우연히 발견되었다. 뜻하지 않은 작품 유전은 세상 사람들을 놀라게 하기에 충분했다.

부잣집 서생으로
유학 기회 잡아

　　　　　배운성의 작품 발굴과 함께 작가 배운성의 극적인 삶도 화제가 되었다. 집안의 몰락과 함께 다가온 가난의 그림자를 극복하고 새로운 삶을 개척한 그의 삶은 마치 고난을 극복하고 성공에 이른 조선시대의 영웅처럼 포장되어 세상에 알려졌다. 특히 집안이 파산하여 부잣집 서생書生으로 들어간 일이 주인집 아들의 몸종 노릇을 한 것으로 묘사되면서 배운성 삶의 극적 요소는 최고조에 이르렀다.

　실제 배운성은 명륜동에서 수공업을 하는 집에서 태어나 큰 어려움 없이 살았으나 갑작스런 아버지의 사망으로 새로운 국면을 맞는다. 그는 먹

배운성, 〈자화상〉(1930)
〈배운성〉(국립현대미술관, 2001)

고 살기도 어려워 보통학교를 그만두고 낙원동에 살던 부자 백인기白寅基의 집 서생으로 들어간다. '서생'이란 남의 집에서 기숙하고 일을 해주면서 공부하는 소년을 이르는 말이다. 그는 매우 총명하여 주인집의 도움을 받아 중동중학교를 졸업할 수 있게 된다.

배운성이 백인기의 집에 서생으로 갈 수 있었던 건 그 집에 같은 또래의 아들 백명곤白明坤이 있었기 때문이다. 백명곤은 늘 술집을 전전하며 여자를 가까이 하고 돈을 흥청망청 쓰고 다니는 등 철없는 부잣집 아들처럼 방탕한 생활을 했다. 그러나 음악에 관심이 많은 한량이기도 했다. 특히 만돌린과 색소폰을 잘 연주했다고 한다. 그는 1922년 경성악우회京城樂友會가 중앙청년회관에서 주최한 모범음악연주회에서 색소폰을 연주할 정도로 실력이 뛰어났다. 이런 자유분방한 아들이 늘 걱정이었던 백인기는 총명한 배운성을 불러들여 늘 함께하기를 원했다.

그래도 달라지지 않자 백인기는 아들을 불러 "그렇게 한량처럼 살지 말고 외국으로 나가 견문을 넓혀라"라 충고하고 외국으로 갈 것을 권유했다. 외국으로 보낸다 하더라도 마음이 놓이지 않는 것은 마찬가지라 백인기는 착실한 배운성을 붙여 보내기로 결심한다. 배운성이 아들 곁에 있으면 방탕한 생활을 덜할 것이라는 믿음에서였다. 그 길로 백명곤과 배운성은 일본을 거쳐 독일로 유학을 떠난다.

동양 모필 이용한
특유의 작품세계

두 사람은 도쿄에서 공부하다 독일로 떠난다.

먼저 요코하마에서 프랑스 마르세유에 들어가 머물다가 독일 베를린으로 들어간다. 마르세유에 머물 때 배운성은 그곳 박물관에서 유럽 미술의 명품을 접하고 큰 충격을 받는다. 훗날 배운성은 이때의 경험이 미술 공부를 하게 되는 결정적인 계기가 되었다고 술회한다.

그러나 백명곤은 유학 생활을 견디지 못하고 3년 만에 고국으로 돌아간다. 이때부터 배운성은 백씨 집안의 영향에서 벗어나 독자적인 생활을 할 수 있게 된다. 본래 경제학과에 입학했으나 우연히 만난 독일 화가 후고 미트Hugo meith의 권유로 1923년 다시 레젠부르그미술학교에 들어간다. 이는 한국인의 유럽 미술학교 최초 입학이었다.

배운성은 레젠부르그미술학교를 졸업한 후 1925년 두 번의 낙방 끝에 베를린국립종합미술학교에 입학한다. 열심히 공부하여 1930년 좋은 성적으로 졸업한 그는 우수한 성적 덕에 졸업 이후에도 학교 아틀리에를 이용할 수 있는 특전을 받는다.

그는 이곳에서 인물화에서 풍경화까지 다양한 대표작들을 그렸다. 고향에 계신 어머니를 그리워하며 그리기도 하고, 자신을 도와 준 백씨 집안사람들을 그리기도 했다. 비록 머나먼 독일 땅에 있지만 그의 그림 소재는 늘 고국의 모습이었다. 본인의 술회에서 이러한 회화에 대한 생각을 엿볼 수 있다.

"나의 목표는 서양인이 그리는 서양화와 동양인이 그리는 서양화 간에 생기는 거리를 없애고 완전한 융화 속에서 실감을 체득하는 데 있었다."

이런 이유 때문인지 그의 그림은 서양화 양식을 취하고 있지만 그림의 소재뿐 아니라 기법 면에서 동양적인 면이 많았다. 그는 유화, 수채화뿐만 아니라 동양식 수묵화를 자주 그렸으며, 뻣뻣한 서양화 붓이 아닌 부드러운 동양화 붓을 사용하여 화면을 부드럽게 다듬기도 했다. 이런 화면은 서

배운성, 〈가족도〉(1930)

〈배운성〉(국립현대미술관, 2001)

양인에게 이국적이었을 뿐 아니라 신비로움을 자아내는 멋이 있었다.

배운성의 이런 동양적 취향은 당시 프랑스에서 활동하며 세계적 명성을 얻고 있던 일본인 화가 후지타 쓰구하루의 영향이 컸다. 프랑스 유학후 유럽 화가들과의 차별화를 위해 일본화에서 쓰는 작은 붓을 많이 사용한 후지타 쓰구하루의 기법은 유럽인들이나 다른 동양인 화가들에게 많은 영향을 끼쳤다.

이때 그린 그림 중 어머니에 대한 그리움이 담긴 작품이 여럿 있다. 고난을 겪으면서도 자식만을 위해 살았던 어머니를 그린 이 작품 속의 인물은 배운성 개인의 어머니일 뿐 아니라 당시 한국인 어머니들이었다. 부드러운 동양 모필을 사용한 이 작품은 부드러운 배경에 인내에 가득 찬 인상을 지닌 한국 여성의 모습을 잘 표현하고 있다.

폴란드 국제미술전 1등 등
눈부신 활약

배운성의 유럽에서의 활동은 점차 탄력을 받아 폭이 넓어진다. 《압록강은 흐른다》라는 유명한 책을 쓴 한국인 작가 이미륵(1899~1950)과 가까이 지내며, 독일의 저명한 화가들과도 친분을 맺는다. 배운성의 그림을 좋아하던 독일 사람들 덕분에 주문도 늘어났고 전시회에서 그림도 제법 팔렸다. 프랑스 파리에서 열리는 미술전에 자주 참석하며 작품을 출품하기도 했다.

1933년에는 폴란드 바르샤바에서 열린 국제미술전에 〈여인 초상〉과 〈자화상〉을 출품하여 1등상을 차지하는 쾌거를 이룬다. 1933년과 1935

배운성, 〈여인과 두 아이〉(1930)

〈배운성〉(국립현대미술관, 2001)

년에는 베를린에 있는 화랑에서 개인전을 열기도 한다. 당시 한국에는 많이 알려지지 않았지만 유럽에서 배운성의 활동은 괄목할 만했다.

이런 유럽 각지에서의 활동은 결국 배운성을 세계 미술의 중심 도시 파리로 향하게 한다. 1937년 파리로 떠나 정착한 그는 권위 있는 '살롱 드 메'에서 여러 점이 입상하고, '르 살롱', '살롱 도톤느' 등의 전람회에도 참여한다. 이를 바탕으로 세계적인 화랑인 샤르팡티에서 개인전을 열면서 화가로서의 꿈을 이룬다. 이 시기의 그림들 대부분은 한국의 전통 가무나 무희나 풍속을 그린 작품들이었다.

파리에서 잘 적응하여 살던 배운성은 독일군이 파리를 침공하자 급히 서울로 돌아온다. 프랑스 정부가 프랑스인들은 고성에 숨고 외국인들은 귀국하라고 명령했기 때문이었다. 18년 만의 고국 귀환이었다. 아쉬운 것은 너무 급히 돌아오는 바람에 그림을 전혀 챙기지 못하고 돌아왔다는 것이다. 그만큼 당시의 상황은 다급했다. 돌아온 그는 해방 후 친일 문제로 곤욕을 치르기도 했으나 잘 극복하고 화단 생활을 이어간다.

1949년 홍익대학에 미술과가 생기자 학과장으로 초빙된다. 같은 해 대한민국미술전람회가 개최되자 심사위원으로 위촉되고 서양화부 추천작가가 되는 등 활발한 미술활동을 이어간다. 그러나 1950년 한국전쟁이 터지자 이념에 따라 월북하고 만다. 그의 출생 이후 과정을 보면 이해가 되는 부분이 있으나 뛰어난 화가 한 명을 잃은 한국 화단으로서는 아쉬운 일이 아닐 수 없다.

돌이켜 보면 배운성은 근대기 한국인으로서는 유일하게 오랜 기간 유럽에 머물며 활동한 화가이다. 이종우, 나혜석, 임용련(任用璉 1901~?) 등이 파리에 머물며 그림을 그린 적이 있으나 오랜 기간이 아니었고, 유럽 화단에서 눈여겨볼 만한 성과를 내지 못했다. 그에 비해 배운성은 유럽에서 미술 공부를 시작했고 그곳에서 많은 활동을 한 작가이다. 그런 면에서 한국 화가들의 유럽 진출 역사는 배운성을 중심으로 서술되어야 하지 않을까 싶다.

판화가로 명성 얻은
월북화가 배운성

　　　　　2001년 월북한 서양화가 배운성의 작품 48점이 발견되자 한국미술계는 놀라움을 금치 못했다. 이때 발견된 작품이 대부분 유화 작품이어서인지 주로 그의 유화 작품에 대해서만 언급되었다. 그러나 당시 유럽이나 한국에서 배운성의 미술세계가 주목을 받은 것은

배운성, 〈세계도〉 목판화
(1929년 바르샤바국제목판화전 특등상 수상작)
《아트 인 컬쳐》 2001년 9월호

유화보다는 판화 부문이었다. 배운성이 한국에 돌아왔을 1940년 당시에
도 한국 화단과 언론에서의 관심은 그의 기구한 삶과 함께 뛰어난 판화
실력이었다. 당시 조선총독부 기관지였던 《매일신보》에서 대서특필한 기
사도 '세계적인 판화가'라는 데 초점이 맞추어져 있었다. 실제 배운성은
여러 살롱전과 공모 전람회에서 판화로 입상했으며, 개인전에서도 유화
못지않게 많은 판화를 전시하곤 했다.

1927년 프랑스 파리에서 열린 '살롱 도톤느'에서 목판화 작품 〈자화
상〉으로 입상했고, 1934년에는 국제목판화 전람회에서 〈초상화〉로 입상
했다. 1936년에는 폴란드 바르샤바에서 열린 세계목판화전에서 〈미쯔이
남작 초상〉 등 판화 네 점이 입선했다. 1937년 방소비 만국목판화전람회
에서는 명예상을 받았고, 1938년에는 '살롱 도톤느'에서 목판화 네 점이
입선하는 등 꾸준히 판화가로서 성가를 높였다.

조국의 혼돈 속에
귀국

1940년 제1차 세계대전으로 독일이 프랑스를
침공하자 배운성은 일본 대사관의 도움으로 급히 귀국한다. 당시 배운성
은 조국을 잃은 상태라 일본 국적으로 활동했던 까닭이다. 여권도 일본의
보증 아래 받을 수 있었고, 유럽에서도 일본 외교관들과 좋은 관계를 유
지하며 살았다. 결국 돌아올 때에도 일본 대사관의 도움으로 무사히 돌아
올 수 있게 된다.

그는 파리에서 리스본, 하얼빈을 거쳐 도쿄로 가서 한동안 머물다가 다시 서울로 돌아온다. 4개월에 걸친 긴 여정이었다. 배운성이 갑자기 한국으로 돌아오자 언론과 화단에서 지대한 관심을 보인다. 당시 미술가 중 명성이 있는 인물 대부분이 일본에서 유학했기 때문에 유럽에서 18년 동안이나 공부하며 명성을 쌓은 배운성은 신비로운 존재일 수밖에 없었다. 화단의 지대한 관심 속에 귀국한 배운성은 어머니와 누이가 살던 돈암동에 거주하며 활동을 시작한다.

배운성은 귀국 초기 그 명성으로 화단에 자극을 주었지만, 미술활동이 그리 원활했던 것은 아니었다. 한국에서 태어나 일본, 독일, 프랑스를 거치며 수많은 역경과 체험을 겪었으나 돌아온 조국은 어린 시절보다 더욱 험한 상황이었다. 어려서도 희망이 없는 조국이었는데 유럽에서 어느 정

쿠르트 룽애, 《배운성, 고향 이야기를 들려주다》(1950)와
속표지화 〈배운성 자화상〉

도 성공하고 돌아와서도 조국은 여전히 불행한 상태였다.

더욱이 화가로서 한국에 쌓아놓은 기반이 없어 활동에 제약이 많았다. 그동안 한국에서 활동한 경험이 없었고, 프랑스에 작품을 모두 두고 나와 자신의 능력을 보여줄 수도 없었기 때문이었다. 그는 주로 그룹 활동을 하면서 작품을 발표했지만 독일, 프랑스에 있을 때처럼 활발하게 작업을 하지는 못했다. 일제가 태평양전쟁을 일으킬 즈음이라 정세가 매우 불안정했던 것도 그의 활동을 제약하는 요건으로 작용했다.

미술계도 시국 변화에 따라 점차 위축되어 제대로 된 활동을 하기 어려웠다. 이미 서화협회는 활동을 멈춘 상태였고, 조선미술전람회도 겨우 명맥만 유지할 뿐 도록조차 내지 못하던 시절이었다. 선전에 출품하는 작품도 시국색이 강한 작품들을 내도록 유도했고, 전쟁을 선동하는 '결전미술전' 같은 전시회에 작품을 내도록 강요받았다. 특히 이름난 화가들은 활동에 더욱 많은 제약을 받았다. 이런 상황은 1945년 일본이 패망하고 한국이 광복이 되고 나서야 겨우 회복될 수 있었다.

독일식 표현주의와 사실주의가 조화된 판화

배운성의 판화 작업은 그의 미술 수업과 함께 시작된다. 그가 베를린국립종합미술학교에 다닐 때인 1920년대, 작가로서 활발히 활동한 1930년대 독일에는 판화 작업이 성행했다. 특히 케테 콜비츠Kathe Kollwitz(1867~1945)로 대변되는 민중의 삶을 표현한 표현주의 목판화가 주류를 이루었다. 이러한 환경은 배운성으로 하여금 목판화에 눈뜨게 하는 계기가 되었다.

이후 배운성의 전시 대부분에 목판화가 출품되었고, 화가로서 유화보다도 판화에서 더 높은 평가를 받는다. 여러 공모전에서 수상하고 전시회에 출품도 했다. 그러나 아쉽게도 유럽에서 제작한 목판화는 현재 몇 점밖에 전하지 않는다. 실물 한두 점과 도판으로 남은 작품이 몇 점 있어 그의 솜씨를 일부나마 짐작할 수 있을 뿐이다.

이러한 배운성의 판화활동은 한국 근대미술사에서 매우 이른 시기에 이루어진 것으로 미술사적으로도 매우 가치가 높다. 당시 한국에서는 판

배운성, 〈수술〉(1957)

화 작업이 활성화되지 않았던 시기였다. 1939년 조선미술전람회에서야 최지원崔志元(?~1939)의 목판화 〈걸인과 꽃〉이 처음으로 입선했다. 하지만 이후에도 판화 작업은 거의 이루어지지 않았다. 그러니 배운성의 판화 작업은 한국인으로서 가장 빠른 시기에 이루어 진 본격적인 작업이라 할 만한 특별한 일이었다.

배운성의 판화 솜씨는 귀국 후에도 이어졌지만 유럽에서만큼 활발하지는 못했다. 유럽만큼 작업 환경이 좋지 않았고, 상황도 판화에 전념할 수 있는 형편이 되지 못했다. 또한 당시 화단의 관심이 주로 유화에 쏠렸고 판화에는 그리 관심이 없었기 때문이다. 그는 현실에 맞추어 유화를 주로 그릴 수밖에 없었다.

그는 1950년 한국전쟁이 나자 이념에 따라 월북했다. 북쪽에 자리잡은 그는 사회주의 체제하에서 비로소 자신의 장기인 목판화를 본격적으로 제작하기 시작한다. 그가 북쪽에서 제작한 목판화 중 가장 대표적이면서 유럽에서 배운 솜씨를 짐작할 수 있게 하는 작품은 단연 〈수술〉이다.

〈수술〉은 극소품(9×10.5cm)으로 수술실의 모습을 세밀하게 묘사한 사실주의적 목판화이다. 수술에 전념하고 있는 의사 네 명의 수술실 모습을 세밀하게 묘사했다. 직업에 충실한 노동자로서의 의사들의 활동을 진지하면서도 생동감 있게 표현하고 있다. 흑백의 강렬한 대조가 수술실에서의 긴장감과 무게감을 느끼게 한다. 얼굴 부분에만 살짝 색깔을 넣은 모습이 감각적이다. 그의 판화 양식에 독일식 표현주의와 사실주의가 내재되어 있음을 여실히 보여준다.

〈장고춤〉이라는 작품은 배운성이 걸어온 행적의 한 단면을 보여주는 대표적인 목판화다. 당대 최고의 무용가였던 최승희가 장고춤을 추는 장면을 판각한 이 작품은 실제 춤추는 장면을 보고 작업한 것은 아니고, 무용하는 모습을 찍은 사진을 바탕으로 작업한 것이다. 물론 배운성은 최승희의 춤을 잘 알고 있었다.

　배운성과 최승희는 매우 가깝게 지냈다. 당시 최승희는 사회주의 문학가인 안막과 결혼하여 안국동에 살고 있었다. 최승희는 일본에서 공부한후 세계 각지를 다니며 공연한 국제적 감각을 지닌 천재적 무용수였다. 배운성도 이에 걸맞게 일본을 거쳐 유럽에서 활동했으니 서로 통하는 바가 있었다. 게다가 배운성이 1948년 남대문로 5가에 '배운성미술연구소'를 차리고 활발한 활동을 하던 터라 최승희와 자주 만날 수 있었다.

　배운성은 하나의 소재를 가지고 여러 번 작업했다. 크기를 달리하거나내용의 변화를 조금씩 주기도 했다. 〈장고춤〉은 1955년에 작은 크기로(15

배운성, 〈장고춤〉

×8cm) 한 번 작업한 후, 두 해 뒤인 1957년에 크기를 키워(21.5×15.5cm) 다시 작업했다. 이 작품은 평양에서 열린 최승희 무용 30주년을 기념하기 위한 '최승희 무용 미술전람회'에 출품되었던 것으로 보인다.

배운성과 최승희는 월북 전뿐만 아니라 월북 후에도 평양에서 같은 '예술인 아파트'에 살 정도로 가까이 지냈다고 한다. 그런 사이였으니 최승희 관련 전시회가 열린다고 했을 때 누구보다도 먼저 작품을 출품하며 축하했을 것이다. 이 작품은 내용 면에서나 기법 면에서 좋은 점이 많아 배운성 후기 목판화를 대표하는 작품 중 하나라고 할 만하다.

배운성, 〈소나무 밑 병사와 여인〉(1955)

이 밖에 북쪽에서 제작한 판화들은 대부분 소박한 한국의 풍속이나 풍경을 그린 것들이다. 그는 우리나라 전통 판화와 고전 속에 등장하는 목판에 관해 연구하면서 우수한 선묘 표현 기법을 받아들이기 위해 많은 노력을 했다. 그 결과 대부분의 판화가 선묘를 바탕으로 한국 정서를 나타내는 데 중점을 두고 제작되었다.

배운성은 한국적인 색채에도 관심을 두어 사물에 맞는 함축적인 색을 쓰고자 노력했다. 북쪽의 정치적 성향에 따라 어쩔 수 없이 사회주의적 건설을 반영한 현실 주제의 작품도 많이 제작했다. 이러한 그의 노력은 자신의 판화에 커다란 성취를 가져다주었을 뿐 아니라, 후배 작가들에게도 영향을 끼쳐 조선적 판화 양식을 정립하는 데 많은 도움을 주었다.

배운성은 이러한 판화 작업 이외에도 유화, 수채화, 조선화 등 다양한 분야를 다루었다. 건강이 썩 좋지 못하게 된 말년에는 개성이나 주을온천 등지에서 요양하기도 했는데, 거기에서도 그림 그리는 것을 쉬지 않았다. 그는 이곳에서 수채로 경치를 그리거나, 수묵으로 유적이나 인물을 그리는 등 죽을 때까지 그림 그리기를 멈추지 않았다.

배운성은 그리 평안한 삶은 아니었지만 늘 미술과 함께 하는 예술적인 인생을 살았다. 그는 독일과 프랑스에서 그림을 그렸고, 귀국하여 남쪽에 있을 때에도 그림을 그렸고, 북쪽에 가서도 늘 미술과 함께 살았다. 그는 평생 미술과 함께한 천생 미술가였다.

'좌수서'의 신경지를 개척한
서예가 유희강

조선 후기 예원에 독보적인 서화가 추사 김정희가 있었다면, 근현대 서단에는 검여劍如 유희강柳熙綱(1911~1976)이 있다고 감히 말하고 싶다. 두 사람 사이에는 120년 이상의 시간 차이가 있으나 미술을 대하는 마음은 평행을 이룰 만큼 비슷한 면이 많다. 두 사람의 가장 공통되는 면은 옛것을 바탕으로 새로운 것을 찾으려는 노력, 곧 '법고창신法古創新'의 정신이다.

서예가 유희강은 예술가로서 다른 이들과 차별화되는 특별한 점이 많았다. 그는 옛것에 안주하지 않고 새로운 시대에 어울리는 예술세계를 찾으려 부단히 노력했다. 당대 서예가들 중 일부는 옛것을 답습하려는 경향이 있었고, 다른 일군의 서예가는 일본제국주의에 협력하여 인격적으로 존경받지 못하는 모습을 보였다. 이에 비해 유희강은 예술가로서 창조적인 정신을 가졌고, 인생살이에서도 큰 흠을 보이지 않았다. 그런 면에서 유희강은 한국 서예사의 보석과 같은 존재이다.

검여 유희강(1976)

《검여 유희강 서예집》(일지사, 1983)

뇌출혈로 반신 마비오자
왼손 쓰기 익혀

인천에서 태어난 유희강은 가학으로 어려서부터 한학을 배웠다. 이를 바탕으로 명륜전문학원(지금의 성균관대학교)에 들어가 1937년에 졸업했다. 1938년 중국 베이징으로 건너가 동방문화학원에서 서양화를 배우는 한편 중국어를 공부하고 서예와 금석학을 연구했다. 공부를 마친 후 그는 한커우漢口에서 광고회사를 운영하며, 때때로 시간이 날 때마다 난창南昌, 상하이 등을 돌아다니며 견문을 넓혔다. 그때 같은 지역에서 서양화가 임군홍도 광고회사를 하며 그림을 그리고 있었다. 두 사람은 서로 오가며 교류하기도 했다.

유희강은 중국 체류 시 상하이에 자주 머물렀는데, 이는 상해 임시정부와의 소통을 위한 것이었다. 1945년경 해방 즈음이 되어서는 임시정부 산하 한국광복군 주호지 대장駐滬支隊長의 비서로 일했다. 해방이 되고 임정 요원들이 고국으로 돌아오게 되자 앞장서 주도적으로 일했다. 당시 미술가로서는 보기 드물게 일제에 항거하여 독립운동에 관여한 기개 있는 인물, 그가 바로 유희강이었다.

1946년 귀국한 유희강은 인천시립박물관장과 인천시립도서관장 등을 지내며, 여러 학교에서 글씨를 가르쳤다. 1962년부터는 서울 관훈동 '통문관通文館' 건너편에 '검여서원劍如書院'을 열어 서예 연구와 후학 지도에 힘썼다. 현재의 통문관 건물의 제자題字도 통문관 주인과 가까이 지내던 유희강이 1967년에 쓴 것이다.

통문관 이름을 쓴 이듬해인 1968년, 유희강은 친구인 화가 배렴이 세상을 떠나자 만장을 쓰고 귀가하던 중 뇌출혈이 일어나 오른쪽 반신 마비가 되어 서예를 할 수 없게 된다. 애주벽이 초래한 불상사였다. 서예가에게 글씨 쓰는 손 마비는 예술가로서는 생명이 끝난 것이나 다름이 없다. 그러나 유희강은 불굴의 의지로 남은 왼손으로 글씨 연습을 계속해 10개월 만에 오른손 못지않은 글씨를 쓸 수 있게 된다.

서예는 필획의 움직임에 따라 글씨의 구성이 달라지기 때문에 손이 바뀌면 본래의 글씨 수준을 이루어내기 어렵다. 유희강은 이를 극복하고 새로운 '좌수서左手書'의 세계를 열었다. 이때부터 그의 서예세계는 '우수서右手書 시대'와 '좌수서 시대'로 나뉜다. 이러한 재기는 세계 서예 역사에서도 찾기 힘든 불굴의 인간승리라 아니할 수 없다.

남성적이고 대륙적 분위기가 강한 작품세계

유희강 예술의 본령은 서예에 있다. 그는 전서·예서·해서·행서에 두루 능했으나 특히 전서와 행서에서 뛰어난 성과를 보였다. 그에 비해 초서는 그다지 즐기지 않았다. 그의 전서와 예서는 청나라 등석여鄧石如(1743~1805)를 주로 본받았으나 거기에 머물지 않고 수많은 노력 끝에 자신만의 독특한 필체를 만들었다.

또한 전서를 쓸 때 갑골문과 화상석의 문양을 사용한 것이 많은데, 글씨라기보다는 그림이라 할 정도로 독창적이다. 그는 이 문양을 서예 작품 바탕에 자주 배경 그림으로 그려 넣었다. 이러한 혼성적인 모습은 서로 다른 갈래를 혼성하는 현대 미술과 유사한 모습을 보인다.

중국의 서예가 황정견과 유용劉墉을 바탕으로 한 해서와 행서는 유연하

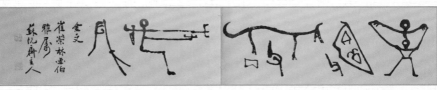

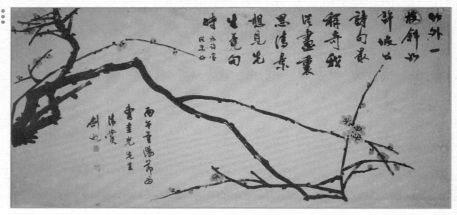

• 유희강, 〈금문金文〉 •• 유희강, 〈다반향초〉(1975) ••• 유희강, 〈홍매〉(1966)

《검여 유희강 서예집》(일지사, 1983)

면서도 단정했다. 그러나 점차 이에 만족하지 않고 웅혼한 기운이 담긴 북위北魏 시대의 글씨체를 더해 필획의 힘이 강한 서풍을 만들었다. 이런 노력 덕분에 그의 서풍은 당대 서예가들 중 특히 남성적인 면과 대륙적인 분위기가 강하다는 평가를 받았다.

유희강은 서예뿐만 아니라 그림과 전각에도 능했다. 그의 그림으로 가장 많이 등장하는 것은 먹으로 유희하듯 빠른 필치로 그린 문인화다. 구성 감각이 전문화가 못지않다. 특히 매화 그림에 매우 능했는데, 그의 강한 서예 필획이 매화 가지를 치는 데 어울렸기 때문으로 보인다. 유학 초기에 서양화를 공부하며 습득한 소묘 실력도 보탬이 되었을 것이다.

그는 중국에서 각고의 노력으로 연마한 전각에서도 뛰어난 솜씨를 보였다. 자신이 쓰던 인장은 대부분 스스로 전각한 것이다. 글씨체처럼 작은 것에 연연치 않고 시원스레 새긴 것이 특징이다.

한 편의 그림 같은 대표작 〈완당정게〉

유희강이 남긴 수많은 작품 중에서 대표작으로 꼽는 것은 역시 〈완당정게阮堂靜偈〉이다. 〈완당정게〉는 김정희가 초의선사에게 준 정게(부처의 가르침 찬미)를 소재로 쓴 작품이다. 가운데에 불탑을 쌓듯 '나무아미타불南無阿彌陀佛'이라는 큰 글씨 여섯 자를 배치하고, 좌우에 잔글씨를 빼곡히 썼다.

가운데 글씨는 작은 글씨를 위로 하고 차례로 내려오며 커져 마지막 '불佛' 자에서 마무리되어 탑처럼 된다. 좌우로 배치된 잔글씨는 글자 크

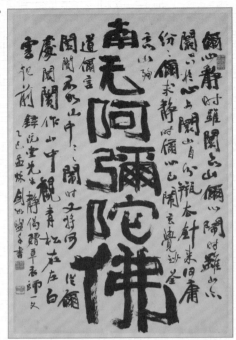

• 유희강, 〈완당정게〉(1965) •• 전시 중인 〈관서악부〉

성균관대학교박물관 소장

기도, 행간의 제약도 없이 자유롭다. 마치 글씨들이 춤을 추고 있는 듯하다. 처음부터 끝까지 얽매이는 것 하나 없이 자연스럽다. 이 작품은 비록 작은 글씨이지만 한 폭의 그림 같기도 하고, 불교 사상과 같은 동양 사상의 축적 같기도 하다.

유희강은 '검여劍如'라는 강한 호를 쓰기도 했지만, 말년에는 '소동파와 김정희를 좋아하는 사람'이라는 뜻의 '소완재주인蘇阮齋主人'을 주로 썼다. 그가 왜 소동파와 김정희를 그렇게 좋아했는지 〈완당정게〉를 보면 알 것 같다. 또한 "며칠만 글씨를 생각하지 않으면 벌써 붓의 획이 무디어지는 것 같다"고 말하던 유희강의 서예에 대한 예술혼이 완성되고 있음을 느낀다.

후손들, 성균관대학교박물관에
전 작품 기증

유희강의 작품은 세상에 흔하게 널려 있지 않다. 작가가 평소 작품 매매에 관심이 적어 파는 데 신경을 쓰지 않은 까닭이다. 그래서인지 그의 작품을 집중적으로 볼 만한 곳이 없어 애호가들에게 늘 아쉬움을 주었다. 그런데 2019년 기적 같은 일이 벌어졌다. 유희강의 후손들이 부친의 모교인 성균관대학교에 작품 1,000여 점과 생전에 사용했던 벼루, 붓, 방명록, 사진 등 대부분의 자료를 조건 없이 모두 기증한 것이다.

이 중에 가장 대표적인 작품은 단연 〈관서악부關西樂府〉이다. 〈관서악부〉는 석북石北 신광수申光洙(1712~1775)가 어린 시절부터 친구인 채제공

蔡濟恭(1720~1799)이 1774년 평안감사로 부임하자 평양 역사와 유적을 소재로 지은 108수 연작시이다. 신광수는 〈관서악부〉를 또 다른 친구이자 글씨에 능한 강세황에게 써 달라고 부탁했으나, 작품이 완성되기 전에 세상을 떠났다. 이에 강세황은 글씨를 완성하여 신광수 아들에게 전했다.

유희강은 말년에 유독 〈관서악부〉를 쓰는 일에 집착했다. 그는 〈관서악부〉를 세 차례 썼다고 하는데, 마지막 작품은 생을 마감하기 전 6개월간 매진해 마무리했다. 그러나 친구인 한학자 임창순任昌淳(1914~1999)에게 교정을 부탁한 사이에 숨을 거둬 발문을 쓰지 못했다. 결국 임창순이 유희강 사후에 발문을 넣어 완성시켰다.

〈관서악부〉는 34미터나 되는 대작일 뿐만 아니라 유희강 서예 예술의 기념비가 될 만한 작품이다. 이 대작은 유희강이 마치 서예가로서의 마지막 혼을 집어넣으려는 듯 온 정성을 기울여 어느 한 곳 흐트러짐 없는 절필이다. 어쩌면 그는 강세황이 신광수의 청을 받아 붓을 들었던 마음으로 글씨를 썼는지 모른다. 신광수와 강세황, 유희강과 임창순, 이들은 〈관서악부〉라는 작품으로 만날 수밖에 없는 하늘이 내린 인연이었던 것 같다.

한글 서예를 개척한
김충현과 김씨 4형제

예술의 경지는 노력만 가지고는 도달하기 어려운 경우가 많다. 아무리 재능을 타고나도 환경이 받쳐주지 못하면 훌륭한 예술가로 남기 어렵고, 좋은 환경에 있어도 재능이 뒷받침되지 못하면 뛰어난 예술가가 되지 못한다. 대개는 타고난 재주와 환경이 잘 어울렸을 때 완성된다. 그런 면에서 예술은 선택받은 이들의 전용 무대 같다는 생각이 들기도 한다.

집안 4형제
모두 서예가

한국미술사에서 한 집안 형제들이 예술적 재능을 발휘한 예로는 개성 황씨 4형제가 유명했다. 일제강점기 개성 출신의 서화가 황씨 4형제는 네 사람 모두 각기 다른 뛰어난 재주를 보여 유명했다. 첫째 황종하黃宗河(1887~1952)는 호랑이 그림으로 유명했고, 둘째 황성하黃成河(1891~1965)는 산수화와 지두화指頭畵로 이름을 날렸다. 셋째 황경하黃敬河(1895~?)는 서예로, 넷째 황용하黃庸河(1899~?)는 사군자 특히 국화 그림에 독보적이었다.

개성에 황씨 4형제가 있었다면 서울에는 안동 김씨 4형제가 서예로 명성을 날렸다. 이들 4형제는 경인褧人 김문현金文顯(1913~1974), 일중一中 김충현金忠顯(1921~2006), 백아白牙 김창현金彰顯(1922~1991), 여초如初 김응현金膺顯(1927~2007)이다. 네 사람은 모두 각각의 분야에서 빼어난 활약을 보여, 어떤 집안의 형제들도 따르기 힘든 수준을 보여주었다.

첫째 김문현은 어려서부터 글씨를 잘 써 이름을 날렸다. 그의 글씨는 단아하고 품격이 있어 많은 이들의 관심을 받았다. 그러나 아쉽게도 비교적 일찍 세상을 떠나 더 이상 글씨 재주를 뽐내지 못했다. 둘째 김충현은 같은 문중의 서화가 김용진으로부터 서예를 익혀 중동학교를 다닐 때부터 서예로 유명했다. 4형제 중 서예가로서 가장 두드러진 활동을 보였다. 셋째 김창현은 한시에 밝고 글씨를 잘 썼다. 중앙고보를 나와 경복고와 중앙고에서 한문을 가르쳤다. 한시를 잘해 이미 고등학생 때부터 교지 등에 한시를 발표했다. 그의 글씨는 단정하면서도 칼같이 날카로운 면이 있다. 넷째 김응현은 영문학을 전공했으나 서예에 전념하여 평생 서예가로 살았다. 5체 모두에 능했으나 특히 육조六朝 해서에 특히 뛰어났다. 1956년 '동방연서회' 창설에 관여했으며, 서예 잡지《서통書通》을 창간하기도 했다.

이들의 흔적은 인사동 지역에 많이 남아 있다. 관훈동에는 붉은 벽돌 건물로 지은 '백악미술관'이라는 보기 좋은 건물이 있다. 주로 서예 관련

• 송영방, 〈김충현 초상〉 •• 백악미술관 전경

전시회를 많이 하는 곳인데, 안동 김씨 4형제 중 일중 김충현을 기리는 건물이다. 이곳 3층에는 늘 김충현의 작품이 전시되어 있다.

삼한갑족三韓甲族
안동 김씨 집안

김충현 4형제는 조선시대 최고 명문 중 하나인 안동 김씨 집안에서 태어났다. 그의 집안은 대대로 학문과 예술에 조예가 깊어 많은 학자와 예술가를 배출했다. 김충현 형제들이 모두 학문과 서예에 특출한 재능을 보인 것처럼, 그의 부친 형제들도 모두 학문이 깊었다. 또한 그 이전의 선대들도 한 시대를 풍미한 학자들이 많았다.

이들은 조선시대 저명한 문신인 김창집金昌集(1648~1722)의 6형제 중 막내 김창립金昌立(1666~1683)의 후예로, 고종 때 형조판서를 지낸 증조부 김석진金奭鎭(1843~1910)은 일제에 나라를 빼앗기자 자결하여 순국했고, 조부 김영한金甯漢(1878~1950)은 대한제국의 관료를 지냈으며 학문과 서예에 일가를 이룬 인물이었다.

김충현의 부친인 김윤동金潤東 3형제도 모두 학문과 예술에 빼어난 재능을 보였다. 부친인 김윤동은 한학에 뛰어났으며 글씨도 잘 썼다. 숙부인 김순동金舜東(1898~1972)은 성균관장을 지냈으며, 윤용구尹用求(1853~1939)에게 배운 글씨도 좋다. 막내 숙부인 김춘동金春東(1906~1982)은 한문학을 공부하여 고려대학교 교수를 지냈으며, 《한문학사》를 저술했다.

'한글 고체'를
창안하다

집안 내림의 재능을 받은 4형제 중 서예가로서 가장 빼어난 재능을 보인 이는 둘째 김충현이다. 그는 이미 중동학교 다닐 때부터 서예에 재능을 보여 학생 공모전에서 수상을 할 정도였다. 그때 쓴 한글 글씨와 한문 글씨 두 종이 남아 있는데, 모두 뛰어난 수준이다.

김충현은 한글 글씨와 한문 글씨 모두에 발군의 재능을 보였지만, 서예 사에 가장 큰 공헌을 한 것은 '한글 서예'를 발전시킨 점이다. 그의 초기 한글 글씨는 주로 '흘림체'였는데 조선시대 '궁체宮體'를 이으면서도 현 대 철자법에 어울리게 만들었다.

1942년 펴낸 《우리 글씨 쓰는 법》에서는 조선시대 한글을 발전시켜 '한글 고체'를 창안했다. 이 글씨체는 《훈민정음》, 《용비어천가》 등의 옛 판본체에 전서와 예서의 필법을 더해 고안한 것으로 위당 정인보에 의해 '고체古體'라 이름 지어졌다. 1947년에 쓴 〈유관순 기념비〉는 해방 이후 최초의 한글 비문으로, 이후 한글 비문 제작의 모범이 되었다.

그의 한글 글씨는 해방 후에도 국가의 중요한 일에 자주 쓰였다. 그중 에서도 한강대교를 세울 때 다리 이름을 한글로 쓴 일은 매우 유명하다. 1956년 복구된 한강대교의 한글 현판은 원래 이승만 대통령의 휘호를 받 으려 했다고 한다. 그런데 이승만 대통령이 한문은 잘 썼으나 한글 글씨 에는 익숙하지 않아 평소 재주를 눈여겨 본 김충현에게 쓰도록 했다고 한 다. 이후에도 이승만은 김충현의 글씨를 좋아하여 여러 가지 국가 행사의 일을 맡겼다.

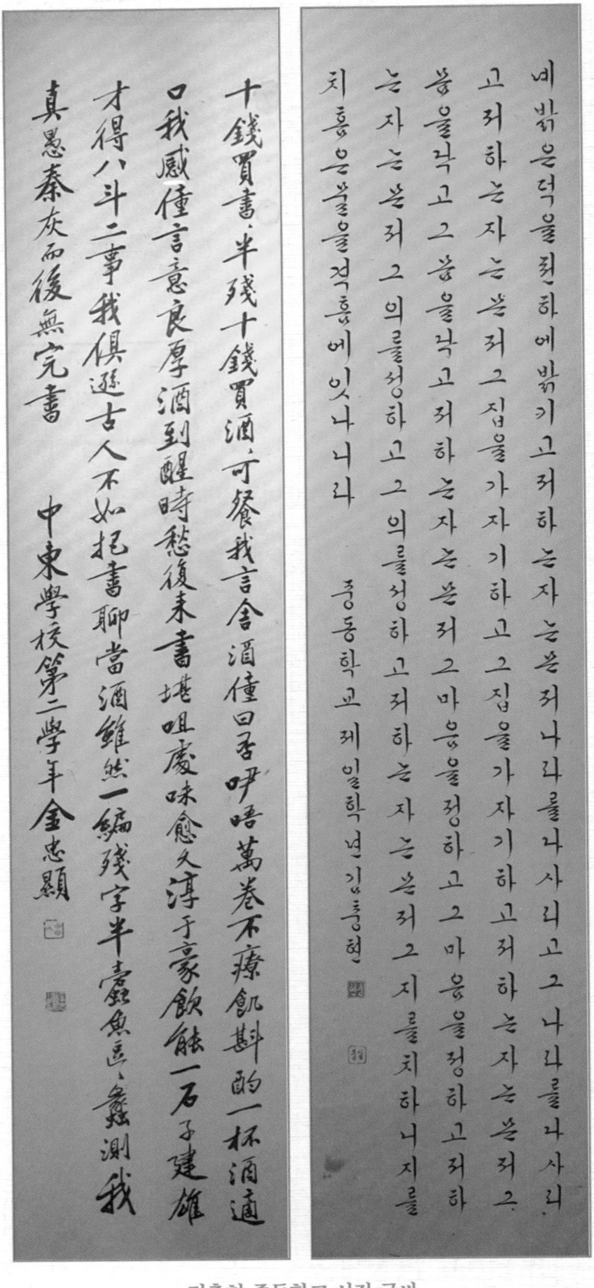

내 밝은 덕을 뒤하여에 밝기 그러하는 자는 뒤나니 사니고 그 나니를 나사니

그러하는 자는 뒤저 그 집을 가자기하고 그 집을 가자기 하고 그러하는 자는 뒤저 그

봄을 닉고 그 봄을 닉고 그러하는 자는 뒤저 그 마음을 정하고 그러하

는 자는 뒤저 그 의를 정하고 그 의를 정하고 그러하는 자는 뒤저 그 지를 치하니 지를

지를 정을 뒤을 적흠에 잇나니라

중동학교 제일학년 김충현

十錢買書·半殘十錢買酒可餐我言舍酒偏曰予嘔唔萬巻不療飢斟酌的一杯酒通

口我感僅言意良厚酒到醒時愁復來書堪咀嚼味愈久淳于豪飮骸一石子建雄

才得八斗二事我俱遜古人不如抛書聊當酒雖然一編殘字半畫蠹魚點·龜測我

真愚秦灰而後無完書　中東學校第二學年金忠顯

김충현 중동학교 시절 글씨
일중선생기념사업회 소장

경복궁 현판도
김충현의 한문 서예 솜씨

김충현의 한문 글씨는 전·예·해·행·초 5체에
두루 걸쳐 있다. '북비남첩北碑南帖'이라 불리는 전통 서예 학습에 전념하
여 해서를 습득했고, 금석문을 바탕으로 전서를 갖추었으며, 한나라 예
서를 바탕으로 예서를 가다듬었다.

그의 5체 글씨 중에서 가장 눈에 띄는 것은 예서다. 그의 예서는 다른
서예가들과는 다른 고졸한 멋이 출중하여 많은 이들의 사랑을 받았다.
〈예기비禮器碑〉, 〈장천비張遷碑〉 같은 한대 걸작을 섭렵하여 새로운 예서의
형태를 창조한 그의 행보는 추사 김정희의 '법고창신' 정신을 따른 것이
라 할 만하다.

그러나 김충현은 김정희의 예술정신을 사랑했으나 글씨만은 추사체를
따르지 않았다. 새로운 것을 창조해야 한다는 정신은 따르면서도, 자신
의 예술 근간은 한나라 예서를 자기화하는 데서 찾으려 했다. 그의 예서
가 이름을 얻은 것도 이렇듯 자신만의 굳건한 세계가 있었기 때문이다.

김충현은 서예가로서 승승장구했다. 수많은 국가 기관의 현판이나 비
석의 글씨를 썼다. 전국 방방곡곡에 남긴 유려하고 정갈한 현판만 수백
개에 달한다. 궁궐, 사찰, 서원 등 없는 곳이 없다. 그중에서도 가장 특별
한 것은 역시 경복궁 '건춘문建春門'과 '영추문迎秋門'의 현판일 것이다.

김충현 본인 스스로도 두 현판을 쓴 일을 가장 자랑스러워했다. 특히 명
문 안동 김씨의 후예로서 궁궐의 현판을 쓴 것을 더욱 영광으로 여겼다. 그
는 "옛날 대궐문 현판은 명필로서 높은 벼슬을 한 사람이 썼다는 전통이
있어 두 대궐문 현판을 쓴 데 대해 일생의 영광으로 삼고 있다"고 했다.

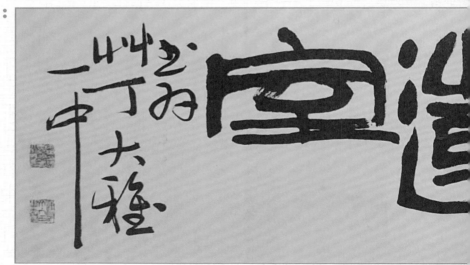

...법은다듬고진하ㅇ고쳐라시쓸쓰ㅁ감회를
퍼짐을보지라ㅇ호라글짜ㅂ신왕어제ㅇ필
닫그ㅅ는법을적어이책을만드니이ㅁ조차ㄹ리
으로이체를배우ㅁ이ㅁ세상ㅁ알리없ㄴ기와ㅇ게
궁체란우리짙의빗김총회ㅇ규구의후ㅅ
중하ㅇ자ㅣ가은드에스럽의ㅁ가진ㅣ멸나
이르지못하노라
임오팔월이십일   뎡인보

내가지은우리글씨쓰는법에실릴정감원
선생의커물을쓰니선생의글적은이미없
고해늘삼십년이넉어감회새롭다
신해중지절   관내 김충현

• 김충현, 〈우리 글씨 쓰는 법〉(1971) •• 김충현, 〈화목련실〉(1970년대)

일중선생기념사업회 소장 | 초정서예연구원 소장

훈민정음에 쓰이는 글자들은 입과 혀와
이와 목구멍의 모양과 밑 발화하는 행
상하사성에의 묘합에 내 않느냐 하구
시니는 세종이때 의때 화 있느냐
음비최으신광명이라 반짝 진에 어친거나고
반짝한 듯 여러가스저 번얻이 있느지때 친는
는 밤오히 몇" 을스 어구되 니한 민정을 을비
많하요 월린 천ㄱ 곡에 끔때 하고 ㅣ 상실
같의 바가장 맑릇하니 편젼 때고 창장하요
뎌뜸ㅇ니 젔 ㅣ그리다가때 한신에진차 때 이지
진과 같아 모때 환희ㅣ 읍고 뿌치고 우수하
는 모양에 만ㅣ나 ㄴ하 앗더니 편여 며 며

• 김충현, '건춘문' 현판 글씨 •• 김충현, '영추문' 현판 글씨(1975)

필자는 '건춘문'과 '영추문' 두 곳의 글씨를 볼 때마다 정문인 '광화문 光化門'의 현판을 생각한다. 김충현의 두 현판은 여느 조선시대 현판 못지 않게 진중하고 격조가 있다. 그런데 현재 재현한 '광화문' 현판은 컴퓨터에 의해 새로 재현되며 서예 특유의 기운생동氣韻生動하는 맛이 없다. 그러니 '광화문' 현판을 김충현의 글씨처럼 현대 서예가들에게 공모하여 우리 시대의 글씨로, 새로 만들었으면 좋겠다.

죽음으로 예술을 완성한
비운의 조각가 권진규

2009년 일본의 명문 학교인 무사시노武藏野 미술대학에서는 개교 80주년
을 맞아 학교 역사를 대표할 만한 단 한 명의 작가를 선정하고자 했다. 교
수와 학생들의 엄격한 추천과 심사를 거쳐 일본화, 서양화, 조각 등 모든
분야에 걸쳐 가장 예술적으로 뛰어난 작가 한 명을 선발했다. 그 한 명이
바로 1949년에서 1953년까지 이 학교를 다닌 한국인 조각가 권진규權鎭
圭(1922~1973)였다.

일본의 명문 대학에서 일본인이 아닌 한국인을 가장 뛰어난 작가로 선
정한 것은 이례적이면서도 신선한 충격이었다. 일본과 한국의 정치적 관
계를 고려하면 더욱 뜻밖의 결과였다. 무사시노 미대는 그해 말부터 이듬
해 초까지 도쿄 국립근대미술관과 대한민국 국립현대미술관의 공동 주
최로 도쿄와 서울에서 '권진규전'을 성대하게 열었다.

아틀리에에서의 권진규
《권진규》(삼성문화재단, 1997)

한일 양국에서
엇갈린 평가

　　　　　권진규는 함경남도 함흥에서 태어나 함흥제1
보통학교를 졸업하고 사업하는 아버지를 따라 춘천으로 이주하여 1942
년 춘천고등보통학교를 졸업한다. 어려서부터 남달리 흙 만지기를 좋아
했고 손재주가 뛰어났다고 한다. 고보 졸업 후 징용되어 일본으로 끌려갔
는데, 이때 도쿄의 사설 아틀리에에서 미술 수업을 받는 경험을 한다.

　태평양전쟁이 막바지에 이르던 1944년에 고국으로 밀입국하여 서울에
정착하여 이쾌대가 운영하는 성북회화연구소에서 회화 수업을 받는다.
얼마 후 광복이 되고 2년이 지난 1948년 다시 도쿄로 건너가 1949년 무
사시노미술학교에 입학한다. 무사시노미술학교가 이쾌대가 다닌 제국미
술학교를 계승한 곳이었음을 생각하면 권진규가 이곳에 들어온 것은 이
쾌대의 영향이라고도 할 수 있을 것이다.

　무사시노미술학교에서 권진규에게 가장 많은 영향을 끼친 선생은 유럽
에서 공부한 시미즈 다카시淸水多嘉示(1897~1981)였다. 프랑스의 조각가
부르델E. A. Bourdelle(1861~1929)의 제자로서 일본 조각계의 지도적인 인
물이었으며 부르델의 열렬한 신봉자였다. 그러한 학맥 속에서 권진규 또
한 부르델에 깊이 매료되어 큰 영향을 받는다.

　권진규는 재학 시절부터 일본 이과회전二科會展에서 최고상을 수상하는
등 뛰어난 활약을 보인다. 1953년에는 일본인 후배 가사이 도모河西智와
결혼까지 했으나 어머니의 병 때문에 어쩔 수 없이 1959년에 귀국한다.
당시 일본인은 한국으로 들어오기 어려웠기 때문에 아내 가사이 도모는
함께 들어오지 못했다. 권진규는 곧 만날 수 있을 것이라 생각했지만 섭

지 않았고, 결국 도모의 부모님에 의해 이혼을 당하고 만다.

　1965년 서울의 신문회관에서 제1회 개인전을 가졌으나 일부 전문가들을 제외하고는 미술계의 주목을 끌지 못한다. 실망한 그는 1968년 다시 도쿄로 돌아가 니혼바시화랑日本橋畵廊에서 제2회 개인전을 개최했는데, 이때 일본 미술계의 상당한 호평을 받았다. 다시 의욕을 얻은 권진규는 1971년 명동화랑에서 제3회 개인전을 열어 제법 좋은 평가를 받았다. 그러나 전시의 좋은 평가에도 불구하고 미술계에서 느끼는 정신적인 고통과 육신의 병, 현실의 공허함 등에 시달린다.

고뇌에 찬 구도자를 형상화한 테라코타 작품들

　　　　　　　　권진규는 주로 인물이나 말, 닭 등의 동물 모습을 흙으로 구워 제작하는 테라코타terra-cotta 방식으로 작업했다. 물론 브론즈나 나무 조각도 있었으나 주로 테라코타와 건칠乾漆 작업에 주력했다. 그의 작품들은 작가의 정신적인 구도 자세와 사물에 대한 인식을 형상화한 것들이었다. 그의 작업은 이지적이고 합리적인 표현 방식이라기보다는 감성적이면서 직감적 신경에 의존한 예민한 작업 방식이었다.

　이러한 그의 다분히 동양적인 사고는 작업 대상인 사물에 대해 원초적 이미지의 본성을 파헤쳐 작품으로 형상화하는 데 중점을 두었다. 또한 불필요한 형식적 장식물을 극도로 생략하면서 대상과의 정신적인 합일을 이루기 위해 부단히 노력했다. 그의 사고는 때로는 불교적이기도 하고, 때로는 도교적으로 보이기도 하고, 때로는 실존주의적인 면모가 엿보이기도 한다.

절박한 상황에서 탄생됐기 때문인지 그의 작품은 인간이나 동물들의 애절한 고뇌가 처절하게 흐르는 듯한 느낌을 준다. 특히 그가 주로 작업한 '자소상自塑像'과 다른 이들의 '두상頭像'에서는 그러한 모습이 더욱 두드러진다. 전시장에 놓인 〈붉은 가사를 걸친 자소상〉이나 〈비구니〉 같은 작품에서는 왠지 모를 섬뜩함에 다가서기 어려울 정도의 전율이 느껴지기도 한다.

동물을 소재로 조각한 작품에서도 생명체들이 지니는 존재의 의미나 의인화된 생명체의 고뇌가 잘 드러난다. 그는 주로 말을 많이 제작했는데, 이중섭의 소와 함께 한국 미술계를 대표하는 이미지가 되었다. 그가 그린 말들은 때론 원시적 생명체의 모습을 때론 인간과 친근한 생명체로서의 모습을 보인다. 그러면서도 미술적 조형 면에서 완결된, 뛰어난 예술적 감각을 담아 낸다.

권진규, 〈붉은 가사를 걸친 자소상〉
《권진규》(삼성문화재단, 1997)

이루지 못한 사랑에
비극적인 죽음

　　　　　　　　　권진규의 굴곡이 많았던 삶 중에서도 가장 극적인 장면은 그가 죽음(자살)을 맞이한 순간일 것이다. 그는 자신의 대표작 석 점이 고려대학교 박물관에 들어가게 되자 매우 즐거워한다. 그는 편안한 마음으로 마치 마지막이라도 되는 듯 천천히 전시장을 둘러본 후 자신의 동선동 아틀리에로 돌아온다. 그리고 자신의 작업대에 목을 매 세상을 떠나는 비극적 순간을 연출한다.

　그는 죽음의 거사를 실행에 옮기기 전에 가까웠던 두 사람에게 유서를 남긴다. 유서를 받은 두 사람은 말년에 가까이 지낸 서울대 교수 박혜일과 대학강사 시절 제자였다. 그가 남긴 유서는 그의 특별한 죽음만큼 파격적이라 많은 화제가 되었다. 박혜일에게 남긴 유서의 내용은 다음과 같다.

　박혜일 선생 감사합니다.
　최후에 만난 우인들 중에서 가장 희망적인 분이었습니다.
　인생은 공空. 파멸破滅 오후 6시 거사

　그동안 미술사에서는 대체로 권진규의 자살 원인을 우리 조각 미술계에 내재해 있는 차별과 그에 절망한 권진규의 좌절이라는 관점에서 연구해 왔다. 특히 당시 한국 조각 미술계에 만연한 교수 자리를 둘러 싼 암투, 기념물과 같은 대형 조각물을 일부 세력이 독점하고 있는 것에 대한 실망감에서 죽음의 원인을 찾았다. 당시 국내 조각계의 풍토에 실망한 권진규의 좌절이 죽음에 이르게 했다는 것이 결론이었다.

朴惠一 님께

感謝합니다
最後에 만난 方人들中에서 가장 希望的 분
이 있습니다
人生은 空. 虛感 누후 6막가사

• 박혜일에게 남긴 유서   •• 권진규와 〈제자의 얼굴〉

《권진규》(삼성문화재단, 1997)

그런데 2006년 연인 같았던 제자가 소장하고 있던 편지들과 작품이 그가 세상을 떠난 지 33년 만에 한 미술품 경매회사에 출품되며, 그의 죽음을 둘러싼 이면이 세상에 드러나게 되었다. 당시 제자는 권진규가 출강하기 시작한 수도여자사범대학(현 세종대) 학생이었다. 제자는 이미 결혼을 약속한 정인이 있었으나, 제자를 향한 권진규의 사랑의 불꽃은 거침이 없었다.

공개한 편지 속에는 나이와 현실을 뛰어넘은 권진규의 애틋한 사랑의 행보가 고스란히 담겨 있다. 편지의 내용은 사랑하는 제자를 그리워하는 마음과 기다림으로 가득 차 있기도 하고, 때론 죽음을 암시하는 내용으로 이루어져 있기도 했다. 특히 마지막 편지에는 박혜일의 유서에 있는 "인생은 공空 파멸破滅이다. 거사 오후 6시"라는 구절이 그대로 나온다. 그의 죽음이 즉흥적인 판단이 아니었음을 짐작할 수 있는 대목이다.

그동안 권진규라는 위대한 예술가가 당시 조각계의 현실이라는 사회적 문제 때문에 자살했다고 알려져 왔다. 조금은 건조한 이유였다. 그런데 예술 작품을 이루는 모티브의 생명과 같은 '사랑' 때문에 생을 마감한 것으로 보이는 흔적들이 발견되었다. 한 위대한 예술가의 인간적인 면을 엿볼 수 있어 오히려 다행이라는 생각이 들기도 했다.

권진규의 동선동 작업실 벽에는 늘 일본인 아내 도모의 사진과 특이한 문구 하나가 쓰여 있었다. 중국 근대 사상가 노신魯迅(1881~1936)의 이야기에서 따온 말인데, 권진규의 사고를 잘 보여주는 경구 같은 말이었다. 그 특이한 문장은 무척이나 매력적이어서 그 글을 읽은 나는 권진규가 천재였음에 감사할 수밖에 없었다. 그의 존재에 감사한다. 그 말은 이렇다.

범인엔 침을,
바보에겐 존경을,
천재에겐 감사를

국립중앙박물관 최초의
유물사진가 이건중

한국 근대 미술계의 예술가들 중에는 활발하게 활동했지만 이름만 존재할 뿐 삶의 행적이나 작품 활동의 흔적이 잘 나타나지 않는 이들이 많다. 조선 말기에서 일제강점기를 살다 간 동양화가들이 그렇고, 도쿄미술학교 등 일본에 유학한 서양화가들 대부분도 그렇다. 그 밖에 공예, 서예 부분의 작가들 또한 마찬가지이다.

특히 사진가는 미술계에서 잊힌 작가들이 많다. 광학기계를 사용한다는 면에서 전통적인 예술과 차별되는 점이 많아 예술가로서 인정받는 시기가 늦었고, 그들이 제작한 작품이 미술품으로서 대접받는 시기도 가장 늦었기 때문이다. 이런 까닭에 일부 저명한 사진가들을 제외하곤 다수의 근대 사진가들이 예술가로서 대접받지 못했다.

서예가이자 전각가였으며 뛰어난 사진가이기도 했던 하연何延 정해창鄭海昌(1907~1968)은 근래에서야 사진가로서의 빼어난 업적이 세상에 드러나게 되었다. 이와 비슷하게 해방 후 국립중앙박물관에서 고용한 최초의 유물 담당 사진가 정관正觀 이건중李健中(1916~1979) 또한 많은 활동을 했음에도 거의 행적이 알려지지 않은 불행한 작가 중의 한 명이다.

광복 후 최초 유적조사
'호우총' 발굴에 참여

　　　　　　　　　정관 이건중은 1916년 강원도 원주에서 태어나 그곳에서 평범한 어린 시절을 보낸다. 그러다 원주공립보통학교 고등과에 입학하여 1932년 졸업한다. 졸업 후 할 일을 찾지 못하던 그는 뜻한 바 있어 1935년에 사진가 이근우李根雨가 운영하던 '제일인상사진연구소'라는 곳을 찾아가 사진을 배우기 시작한다. 이후 1937년까지 2년간 열심히 사진을 배운다.

　사진연구소를 수료한 후 그는 한국에서 자리잡지 못하자, 1937년 만주로 넘어가 그곳에서 활동을 하며 뛰어난 성과를 거둔다. 중일전쟁이 일어나자 종군하여 모란강성 일본군 692부대가 전쟁에 나가는 모습을 촬영한다. 이때의 일은 이건중 스스로 늘 부끄럽게 생각하는 불명예스러운 일이었다. 그는 계속 만주에서 활동하다 해방이 되자 귀국하여 서울로 온다.

　마침 조선총독부박물관에서 이름을 바꾼 국립중앙박물관이 유물을 찍을 사진 기사를 찾는다. 박물관 측은 이건중에게 박물관에서 일할 것을 제안한다. 일제가 관리하던 조선총독부박물관 시절에는 일본인 사진가들이 작품 사진을 촬영했었다. 이건중을 천거한 이는 당시 국립중앙박물관장이었던 김재원金載元(1909~1990)이었다. 그는 독일에서 공부한 최고

인텔리 학자였는데, 이건중의 실력을 듣고 초빙한 것이다. 한국인 최초의 박물관 유물 담당 사진가가 탄생하는 순간이었다.

이건중은 주로 유물 사진과 발굴 현장을 찍었는데, 이때의 경험은 훗날 사진가로서 활동하며 작품 구상을 하는 데 많은 영감을 준다. 그는 중요한 유적 발굴에 참여하여 많은 출토 장면과 유물들을 찍었다. 광복 직후 한국인이 주도적으로 진행한 최초의 유적 발굴조사였던, 저 유명한 1946년의 경주 '호우총壺杅塚' 발굴도 이건중이 직접 참여한 행사였다.

이 발굴에서는 음식을 담는 뚜껑 달린 청동 그릇인 '청동호우靑銅壺杅'가 출토되어 화제가 되었다. '호우총'이라는 무덤의 이름도 이 그릇에서 따온 것이다. 청동호우에는 뜻밖의 명문이 새겨져 있었다. '고구려 415년에 광개토대왕을 위하여 만들었다(乙卯年國岡上廣開土地好太王壺杅十)'는 내용이었다. 특이한 사실은 이 명문의 글씨체는 중국에 있는 '광개토대왕비'의 비문에 쓰인 것과 같았다는 점이다. 당시 고구려와 신라의 교섭이 활발했음을 보여주는 증거다.

이후에도 이건중은 국립중앙박물관에서 유적 조사를 진행할 때마다 유

김재원

이건중

물을 찍었다. 1947년 이홍직李弘稙(1909~1970), 김원룡金元龍(1922~1993) 등이 중심이 되어 개성에서 고려시대 고분벽화〈십이지신상〉을 발굴했을 때에도 사진가로 참여하여 촬영했다. 그는 또한 사진계의 일에도 적극적으로 관여했다. 1946년에는 대한사진예술연구회 연구부 간사와 부회장을 역임했으며, 1948년에는 서울시경 감식사진 담당기사로도 활동했다.

한국전쟁 후
사진가로서의 활동

한국전쟁이 터지자 이건중은 남하하여 대구에서 국방부 보도과 사진대원으로 종군한다. 이미 젊은 시절 종군 경력이 있었는데, 조국의 전쟁으로 또다시 종군하는 운명을 맞은 것이다. 9·28서울

이건중, 〈탑골공원〉

ⓒ 이건중

수복 때에도 직접 참여하여 보도하기도 한다. 전쟁이 끝나자 1953년 종로 3가에 '이화사진연구소'를 설립한다. 본격적인 개인 사진가로서의 활동을 시작한 것이다. 또한 '서울사우회'를 설립하여 회장에 취임하고, 동방사진문화회관에서 창립전을 연다. 1955년에는 한국미술협회 창립회원으로 참여한다.

1960년부터는 문공부 사진부에 계장으로 들어가 공무용 사진을 찍는다. 크고 작은 나라의 행사뿐만 아니라 대통령의 근영近影 촬영이 그의 일이었다. 이때 촬영한 사진 중 당시 대통령 이승만과 부인 프란체스카 등을 찍은 것이 여러 장 남아 있다. 인물이나 행사 사진 외에 서울 풍경을 찍은 것들도 꽤 있다. 인왕산에 올라 서울 시내를 내려다보거나 경무대 뒤 백악산에 올라 찍은 사진들은 시선이나 구도가 탁월하여 그의 대표작이라 할 만하다.

1964년부터는 서울여자대학 강사를 했으며, 1964년부터 연 4회 국전 심사위원을 지냈다. 1965년에는 파월국군 위문시찰 작가단의 일원으로 모윤숙 등과 함께 2달간 다녀온다. 1966년에는 국전 심사분과위원장을 역임했고, 그 외 국제 동아사진살롱의 심사를 5년 연속 맡기도 했다. 이후 열리는 수많은 사진 관련 행사에 심사위원으로 참여했고, 한국사진협회 문화상을 수상하기도 했다.

연구소 활동과
13번의 개인 전시회

이건중의 사진활동은 주로 자신의 연구소에서 진행되었다. 그는 종로 지역의 서린동, 저동 등에 '이화사진연구소'나 '이건중사진연구소'라는 이름으로 연구소를 열었다. 당시 주로 국립중앙박물관이나 경무대의 일을 맡아 하다 보니 멀지 않은 곳에 자리를 잡은 것으로 보인다. 이후 경제적인 문제로 성북구 삼선동으로 옮겼다가 말년에는 성북구 하월곡동으로 이전했다.

그는 개인전이나 단체 사진전을 많이 열었다. 개인전만 모두 13회를 개최했다. 1953년에 첫 전시회를 연 이후 1976년 환갑 기념으로 전시회를 할 때까지 모두 13번이나 연 것이다. 단체전까지 포함하여 거의 매해 전시회를 열다시피 했다. 당시 사진가로서는 매우 이례적인 일이었다. 그만큼 그의 활동이 많았고 능력을 인정받았다. 전시 장소도 미도파화랑, 동화백화점화랑, 중앙공보관화랑, 예총화랑, 문예진흥원미술관화랑 등 유명한 곳들이었다.

1978년 열화당에서 그의 평생 작업을 《한국의 멋》이라는 화집으로 묶어 출간했다. 한동안 사진계에서 떨어져 지내던 이건중을 위해 당시 안과의사로 유명했던 공안과의 공병우公炳禹(1906~1995) 박사가 후원하여 이루어졌다. 공병우는 의사였지만 한글 타자기를 발명하기도 하고, 사진작가로도 활동한 다재다능한 인물이었다.

'무기교의 기교' 담은
작품세계

이건중의 사진 작품은 현재 500여 점 이상이 남아 있다. 그의 작품들은 대부분의 초기 근대 사진가들과 마찬가지로 아카데믹한 풍경이나 인물 사진에서부터 상업광고 사진에 이르기까지 다양하다. 많은 사진가들이 당대에 출력된 사진이 많이 망실된 것에 비해 이건중의 사진과 자

• 이건중, 〈백자와 불두〉 •• 이건중, 〈신라 토기〉

ⓒ 이건중

료들은 대부분 옛적에 제작한 그대로 남아 있다는 점에서 매우 의미 있다.

그의 작품 중 가장 중요한 것 중 하나는 역시 문화재와 관련된 사진들이다. 그는 국립중앙박물관 유물사진가 시절부터 미술품을 소재로 한 작품을 많이 찍었다. 단순히 자료를 남기기 위한 기록으로서 뿐만 아니라 사진작가로서 미술품에 생명을 불어 넣듯 화면 속에 재구성하여 뛰어난 미술품을 만들어 냈다.

그는 박물관의 전시장 틀에서 벗어나 고궁이나 전국의 사찰 등의 문화재에도 관심을 보였다. 경복궁의 건물이나 세부 단청들, 경주 불국사에 있는 문화재 등이 모두 그의 피사체가 되었다. 그의 문화재 사진은 특별한 기교를 부리려 노력하지 않고 담백하게 보이도록 구성한다. 지나치게 화려한 문화재의

이건중, 〈팔판동에서 본 경복궁〉
ⓒ 이건중

모습보다는 주로 담담한 느낌을 주는 평범한 유물에서 아름다움을 찾으려 노력했다. 무기교의 기교라 할까. 그래서인지 그의 사진은 매우 순수해 보인다.

두 번째로 관심을 가질 만한 사진은 풍경 사진들이다. 서울의 풍경이나 시골 농촌 정경 사진 또한 그의 능력이 잘 발휘되어 있다. 서울 풍경은 주로 오래된 지역이나 특이한 건물 중심으로 촬영했다. 특히 남산 쪽에서 찍은 명동 주변의 사진이나 경복궁, 서촌, 북촌 지역을 찍은 사진, 인왕산이나 북한산 연봉을 찍은 사진은 그의 역량을 가늠케 할 만큼 뛰어난 솜씨를 보인다.

마지막으로 한 시대를 풍미하며 다가온 상업적인 사진들이다. 주로 화보나 광고로 사용된 것들이다. 한복 입은 예쁜 여성들에서부터 여성의 누드 사진에 이르기까지 그의 셔터는 정직하기 이를 데 없다. 기계적인 장점을 충분히 구사하면서도 예민한 감성을 주관적으로 잘 해석하는 그의 사진에는 다른 작가들의 사진에서는 찾기 쉽지 않은 자연스러운 향기가 녹아 있다.

필자는 그가 평생 작업한 사진 수백 점을 한 점 한 점 보며, 평생을 예술가로서 진지하게 살아온 한 인물에 대해 경외감을 느꼈다. 그만큼 그의 사진가로서의 자세는 철저했고, 작품세계는 다양했으며, 각기 다른 종류의 사진에 모두 뛰어난 솜씨를 보였다. 이제까지 많은 이들이 그의 이름을 잘 기억하지 못했지만, 이제 그의 이름을 되살려야 한다는 생각이 절로 들 정도였다. 역시 '예술가'는 '작품'으로 이름을 남긴다는 생각이 든다.

화가들도 흠모했던 슈퍼스타
최승희와 매란방

근래에 BTS(방탄소년단)가 세계적인 인기를 끌고 있다. 그러나 이들의 등장은 그들 혼자만의 노력에 의해 이루어진 것은 아니다. 물론 한국만이 지니고 있는 아이돌 육성 시스템 덕분이라고 하지만, 이들이 나타나기 이전 많은 사람들의 노력이 바탕이 된 것만은 틀림없다. 몇 년 전 이미 가수 싸이가 〈강남스타일〉이라는 노래로 세상을 놀라게 했고, 그 이전에도 원더걸스 등 다른 여러 음악인들이 많은 노력을 해왔다.

순수 클래식 음악을 하는 성악가 조수미 등 대중음악이 아닌 다른 예술 분야에도 세계적으로 뛰어난 인물들이 여럿 있었다. 동양인의 신체적 불리함을 극복한 발레리나 강수진의 울퉁불퉁한 발가락 모습은 많은 이에게 감동을 주었다. 비디오를 예술로 승화시킨 백남준은 한국인의 미술적 재능을 더욱 빛나게 했다.

역동적 안무로
아시아 스타로 떠올라

더 거슬러 근대기까지 올라가면 한국을 세계에 알린 유명한 예술가로 불세출의 무용가 최승희를 언급하지 않을 수 없다. 최승희는 일제강점기 한국과 일본의 예술계를 장악한 최고 슈퍼스타 중 한 명이었다. 세계적이라 하기는 어렵겠지만 적어도 아시아 권역에서는 최고의 스타였다. 행동 하나하나에 많은 사람들이 관심을 쏟을 정도로 그의 사회적 영향력은 지대했다. 현대 남북한 무용의 본질이 여전히 그의 영향권 내에 있다고 해도 과언이 아니다.

최승희는 특히 역동적인 안무로 유명했다. 그의 이국적이면서도 박자 빠른 춤사위는 미술가들의 많은 관심을 불러일으켰다. 무당춤, 승무를 비롯한 그의 화려하고 생동감 있는 춤사위는 미술가들이 즐겨 작업하는 주요 소재였다. 사진가들은 그의 춤 동작 하나하나를 포착하려 했다. 조각가 중에도 그의 동작을 영원히 붙잡아 두려고 노력한 이가 많았다. 화가들 또한 그 화려한 자태를 그림으로 남기려 노력했다.

한국 화가들이 그린
최승희

상상을 초월하는 인기 때문인지 한국의 화가뿐만 아니라 일본의 유명 화가들도 최승희를 소재로 자주 그림을 그렸다. 최승희를 작품화한 대표적인 한국인 화가로 먼저 배운성을 꼽을 수 있다. 그

호리노 마사오, 〈최승희〉(1931)
〈한국 근대 미술가들의 눈〉(후쿠오카 아시아미술관, 2015)

는 최승희의 장구 치는 모습을 목판화로 제작했다. 실제 작품과 거의 같은 포즈의 사진이 남아 있는 것으로 보아 사진을 바탕으로 판화를 제작한 듯하다.

근래에 소개된 변월룡이 춤추는 최승희의 모습을 그린 작품도 매우 인상적이다. 다른 이들의 작품이 대부분 젊은 시절 자유롭게 활동하던 아리따운 최승희를 담고 있다면, 변월룡의 작품은 사상 문제로 월북한 후 사회주의에 적응하여 활동하던 노련한 무용가 최승희의 춤추는 모습을 그린 듯한 작품이다.

일본 화가들이 그린
최승희

최승희를 모델로 작품을 남긴 화가들은 한국인들보다 오히려 일본인 화가들이 더 많다. 당대 일본을 대표하던 최고 수준의 작가들도 최승희를 자주 그릴 정도였다. 당시 일본에서 가장 인기가 있었던 서양화가 우메하라 류자브로梅原龍三郎(1888~1986)는 1941년 무당춤을 추는 최승희를 그린 〈무당춤을 추는 최승희〉를 남겼다. 감각적인 붓질과 화려한 색채를 사용하여 날렵하게 춤추는 최승희의 모습을 형상화했다.

미인도를 잘 그리기로 유명한 가부라키 기요카타鏑木清方(1878~1972)도 최승희의 아름다운 자태를 그림으로 남겼으며, 후배인 고바야시 고케이小林古徑(1883~1957) 같은 능력 있는 화가도 최승희 모습을 여러 장 남겼다. 이 밖에 조각가 후지이 코유藤井浩祐(1882~1958)나 사진작가 호리노 마사오堀野正雄(1907~1998) 등도 열정적으로 최승희의 모습을 작품으로 남

우메하라 류자브로, 〈무당춤을 추는 최승희〉(1941)
〈신여성 도착하다〉(국립현대미술관, 2018)

겼다. 얼마나 많은 일본인 예술가들이 최승희를 동경했는지 알 만하다.

　한국에 최승희가 있었다면 중국에는 매란방梅蘭芳(1894~1961)이라는 남성 대스타가 있었다. 중국 전통극인 경극 배우였던 매란방은 뛰어난 용모와 천재적인 연기력으로 대단한 인기를 누린 인물이다. 매란방의 출현 덕분에 시들어가던 경극의 인기가 되살아나 세계적으로 유명한 공연으로

춤추는 매란방의 모습
홍문숙·홍정숙, 《중국사를 움직인 100인》(청아출판사, 2011)

2

발전했다. 당시 그의 인기는 중국, 한국, 일본을 넘어 세계 여러 나라에까지 알려질 정도였다고 한다.

사실 매란방이란 존재는 현대에 그리 익숙하지 않다. 하지만 이미 우리도 모르는 사이에 마음속에 자리잡고 있다. 1993년에 개봉되어 엄청난 관객몰이를 했던 저 유명한 영화 〈패왕별희霸王別姬〉가 매란방의 이미지를 주제로 만든 영화이기 때문이다. 〈패왕별희〉는 매란방이 가장 많이 공연했던 경극의 제목이다.

영화의 주인공인 미남 배우 장국영張國榮(1956~2003)이 분한 역할이 바로 매란방의 이미지를 차용하여 설정한 배역이다. 실제 매란방 또한 뛰어난 외모를 가졌다. 수려한 외모뿐 아니라 섬세하고 흡인력 있는 연기력으로 많은 팬을 거느렸다. 섬세한 외모의 장국영을 주연 배우로 내세운 건 모두 매란방 본래의 모습을 재현하기 위한 것이었다. 특히 남자 배우가 여성 역할을 하는 배역은 매란방이 연기한 것 중 최고 인기 있는 배역이었다.

이당 김은호도 매혹되어 작품화한 매란방

매란방의 인기는 한국에까지 소문이 나 많은 이들이 궁금해했다. 당대 한국 최고의 화가였던 이당 김은호도 소문을 들어 그의 존재를 알고 있었다. 마침 1929년, 그동안 물심양면으로 후원하던 단우 이용문의 후의로 친구 허백련과 함께 중국 베이징으로 여행을 떠나게 된다. 그런데 그 곳에서 공연을 하던 매란방 일행과 우연찮게 맞닥

김은호, 〈매란방〉
국립현대미술관 소장

뜨리게 된다. 먼저 그 소식을 들은 허백련이 김은호에게 기다렸다는 듯 말한다.

"매란방이를 구경할 수 있을 것 같네. 나라면 몰라도 미인을 그리는 자네가 베이징까지 와서 그 유명한 미남 배우 매란방을 못 보고 가서야 쓰겠나? 공연 날짜가 하루 남았다는 거야. 통역이 무슨 수를 써서라도 극장 표를 사주겠다고 하더군."

이 말을 들은 김은호는 가슴이 설레었다. 미인도를 주로 그리는 자신에게는 새로운 영역을 경험하는 일이었기 때문이다. 당시 베이징 장안도 온통 매란방 이야기로 가득했다. 김은호는 웃돈까지 주어가며 가장 보기 좋은 앞자리에 앉았다. 공연을 본 김은호는 깊은 감동에 빠졌다. 여성보다 더 고운 살결, 표정, 몸동작 모두 절대미녀 이상이었다. 화장을 했다지만 너무나 희고 보드라운 피부와 매혹적인 자태에 주인공이 남자라는 사실조차 잊을 정도였다.

김은호는 그때 본 장면을 기억하여 여러 장의 스케치를 해온다. 귀국하여 매란방의 자태를 잊지 못한 그는 베이징에서 그려온 스케치와 당시 인기리에 팔리던 매란방의 사진을 바탕으로 화폭에 옮긴다. 분명 여러 장의 그림을 그렸을 텐데 현재 그때 그린 작품은 남아 있지 않다. 단지 그때의 기억과 자료를 바탕으로 1960년대에 그린 것이 남아 있을 뿐이다. 현재 남아 있는 매란방을 그린 작품은 모두 두 점으로 같은 밑그림으로 작업한 까닭에 거의 같은 내용에 크기도 같다. 한 점은 1966년 작가가 직접 삼성그룹 이병철 회장에게 그려준 작품이고, 또 한 점은 국립현대미술관 소장품으로 제작 연대를 알 수 없으나 정황상 비슷한 시기에 그린 것으로 보인다.

곱게 단장하고 화려한 무용복을 입은 무용수가 춤을 추다 잠시 멈칫 하는 모습을 그린 듯한 화면이다. 남자 배우가 여성으로 분장한 모습이라는 것을 알고 있지만 너무 고와서 마치 예쁜 여자 무용수가 춤을 추고 있는 것과 같은 착각이 들게 한다. 독특한 머리 모양과 장식, 복식의 아름다움과 색조의 현란함, 세필로 그린 먹 선의 정교함이 절묘하게 조화를 이룬다.

그러나 이 그림이 예술적으로 성공한 작품인가에는 약간의 의문이 생긴다. 매란방의 단정한 용모를 그려내는 데에는 성공했으나 무용수 매란방 특유의 현란한 몸동작을 생생하게 되살리지는 못했다는 느낌이 든다. 미술품의 성패가 화면 속에 생동감이 살아 있느냐 없느냐에서 온다고 보면 이 작품은 아쉬움이 많다. 생동감과 율동감이 들어나도록 그렸으면 더욱 훌륭한 작품이 되지 않았을까 싶다.

천도교 중앙대교당을 설계한
나카무라 요시헤이

'인사동'이라 불리는 상징적인 문화보존지역에 들른 이들은 보통 첫걸음을 '수운회관'에서 시작한다. 1972년 천도교 교단에서 세운 16층 건물인 수운회관은 천도교를 창시한 최제우의 호 '수운水雲'을 따 이름을 지었다. 일설에 의하면 당시 교령인 최덕신이 박정희 대통령의 스승이어서 도움을 받아 근처에서 가장 큰 건물을 지을 수 있었다고 한다. 이 건물의 이름인 '수운회관'이란 한글 글씨도 박정희가 쓴 글씨이다.

본래 이 자리는 천도교 본부와 천도교 문화관이 있었던 곳이다. 문화관은 1950년대에 일반인에게 임대되어 '문화극장'이라는 재개봉관이 되었는데 1970년까지 그 자리에 있었다. 운현궁 앞 개천이 복개되면서 이 건물들을 없애고 수운회관 건물을 세운 것이다.

수운회관이 유명했던 것은 새로 생긴 건물의 위용 때문이기도 했지만, 그보다는 회관의 안쪽에 자리잡은 특별한 건물 천도교 중앙대교당 때문이었다. 이 건물은 일제강점기 한옥들이 많은 이 지역에 특이한 서양식 건축 양식으로 지어져 많은 눈길을 끌었다. 오랫동안 천도교의 교당으로 쓰이며 이미 이 지역의 중심 역할을 하던 역사적 건물이었다.

나카무라 요시헤이 설계,
중국인 장시영 시공

천도교 중앙대교당이 세워지기 전에 천도교 본부는 경복궁 옆 송현동에 있었다. 그런데 일시에 교세가 확장되자 더 큰 교당의 필요성을 느낀 교주 손병희가 1918년 총회를 열어 새로운 교당을 짓기로 결의한다. 설계는 당시 이름 높았던 일본인 건축가 나카무라 요시헤이中村與資平(1880~1963)에게 맡겼고, 시공은 중국인 장시영張時英이 하게 되었다.

교당의 건축은 3·1운동으로 지체되었다가 1921년 2월이 되어서야 겨우 준공된다. 건물 구조는 화강석 기초에 붉은 벽돌을 쌓아올린 단층구조로, 중간에 기둥을 세우지 않고 천정을 철근 앵글로 엮어 지붕을 덮었다. 그리고 전면에 2층 구조의 사무실을 붙여 짓고, 현관 위쪽을 바로크풍 탑 모양으로 높이 쌓아올려 고풍스런 느낌이 들게 했다. 석재는 창신동 석산에서 채취하여 큰 어려움이 없었으나 붉은 벽돌은 구하는 데 어려움이 많았다. 천장 앵글 철재 등 내부 장식에 필요한 자재는 미국에서 수입하여 사용했다.

처음에 손병희는 400평 규모의 대규모 교당을 건립하려고 당국에 건축 허가를 신청했다. 그러나 조선총독부가 교당이 지나치게 크고 중앙에 기둥이 없어 위험하다면서 허가를 내주지 않아 규모를 줄여 지었다. 총공사비로 22만 원(사무실까지 27만 원)이 필요했는데, 교인 한 가정 당 10원을 기준으로 약 30만 원을 모금하여 충당했다. 남은 성금은 3·1운동의 자금으로 보내졌다고 한다. 이 자금은 기독교 측의 자금과 함께 3·1독립운동의 주요한 원동력이 되었다.

해방 후 상하이에서 귀국한 임시정부의 백범 김구는 "천도교가 없었다면 3·1운동이 없었고, 3·1운동이 없었다면 상해 임시정부도 없고, 상해 임시정부가 없었다면 대한민국의 독립이 없었을 것이외다"라는 감사의 연설을 했을 정도로 손병희가 마련했던 천도교 자금은 독립운동의 중요한 역할을 했다.

나카무라 요시헤이가 설계한 천도교 중앙대교당

교당 주변에서는 많은 역사적 사건이 일어났다. 출판문화운동의 상징인 개벽사開闢社가 근처에 있었고, 방정환方定煥(1899~1931)이 "'어린이가 우리의 희망'이라는 구호를 외치며 1923년 5월 1일 '어린이 날' 기념식을 거행하기도 했다. 민족대표 33인 중 한 사람인 이종일李鍾一(1858~1925)이 3·1독립선언문을 배부한 장소이기도 하다.

조선은행·덕수궁 미술관 등
굵직한 건물 지어

천도교 중앙대교당을 설계한 나카무라 요시헤이는 유능한 일본인 건축가였다. 도쿄대학 건축학과 출신이었던 그는 일본 여러 지역의 주한 공공건물을 건축했을 뿐만 아니라, 식민지였던 한국과 만주의 공공건물에도 많이 관여했다. 그는 유럽 건축의 영향을 많이 받았는데, 특히 아카데미즘에 반발해 탄생한 오스트리아 빈의 '분리파 운동Secession'에 큰 영향을 받은 인물이었다.

나카무라 요시헤이

한국과의 인연은 1907년 중구 태평로에 일본 제1은행 한국 총지점을 착공할 때 공사 감독관으로 근무하며 시작된다. 이 건물은 후에 '조선은행'으로 바뀌었다가 해방 후 '한국은행 본점'이 된다. 지금은 '한국은행 화폐박물관'으로 사용되고 있다.

1908년부터는 아예 경성(서울)으로 이주

하여 1912년 조선은행 본점이 준공되는 것을 본다. 이후 조선은행의 건축 고문을 맡고 을지로에 건축사무소를 개설하면서 한국의 공공건물 건축에 본격적으로 관여하기 시작한다. 조선은행, 천도교 중앙대교당을 지은 후 숙명여자고등보통학교, 중앙고등보통학교의 건물을 설계했고, 덕수궁미술관 등 중요한 건물을 차례로 지었다. 중국 다롄大連에도 건축사무소 출장소를 개설하고 도쿄에는 나카무라공무소를 개설하면서 자신의 영역을 넓혀 나가 일제강점기 가장 유능한 건축가 중 한 명이 되었다.

위압적이었던
조선은행 본관

서울 중구 태평로에 있는 한국은행 본관 건물은 1912년 완공된 한국 최초의 은행이다. 이 건물은 다쓰노 긴고辰野金吾 (1854~1919)가 설계하고 나카무라 요시헤이가 공사 감독을 했다. 다쓰노 긴고는 일본 도쿄역의 역사驛舍 건물을 설계한 최고 수준의 건축가였다. 경성역(서울역) 역사가 도쿄역 역사와 유사한 건 다쓰노 긴고의 수제자인 츠카모토 야스시塚本靖가 경성역을 설계했기 때문이다.

한국은행 건물은 르네상스 양식을 바탕으로 좌우 대칭형 모습으로 설계되었다. 외벽은 화강암으로 했고 지붕은 천도교 중앙대교당처럼 철골조를 이용하여 돔 모양으로 장식했다. 이 건물은 일제강점기의 건물로는 주변의 건물에 비해 지나치게 커 위압적인 모습을 보인다. 이러한 모습은 식민지시대 제국주의 자본의 위력을 뽐내는 듯 권위적이다. 이러한 위압 속에서 살아야 했던 당시 한국 국민들의 아픔도 느껴진다.

선구적 양식으로 지은
중앙고등학교 동·서관

나카무라 요시헤이의 손길은 한국의 대표적인 학교 건물에도 닿아 있다. 1920년에는 숙명여고보 건물을 지었고, 인촌 김성수의 의뢰로 계동으로 이사한 중앙고등보통학교의 건물도 설계했다. 이 건물들은 이후 다른 학교의 건물을 짓는 데 모범이 되는 유명한 건물이 되었다.

중앙고등학교 건물은 동관과 서관 두 동으로, 거의 같은 한 쌍의 건물로 되어 있다. 1921년에 서관이 먼저 지어지고, 동관은 두 해 뒤인 1923년에 완공되었다. 고딕 건축 양식을 단순화한 설계로 붉은 벽돌을 사용하여 지상 2층 건물을 지었다. 교사를 목적으로 설계되었다는 데 큰 의미가 있으며, 건물의 평면과 입면 형식은 동관, 서관이 거의 같다.

건물의 창문은 대부분 아치 형태로 되어 있으며, 돌출된 2층 창문은 위쪽이 뾰족한 모습이다. 아치들에는 회백색의 화강암을 끼워 넣어 붉은 벽돌로 통일된 외벽 면에 변화를 주었다. 지붕 쪽에는 환기와 채광 그리고 장식 효과를 위해 삼각형의 작은 돌출 창을 냈으며 굴뚝은 밖으로 노출했다. 제국주의 침략이 학교에까지 미쳤다고 볼 수도 있으나, 건물만 놓고 보면 구석까지도 빠뜨리지 않고 신경을 쓴 아름다운 건축물이었다.

• 한국은행 본점(현 화폐박물관) •• 중앙고등학교 동관

서울역사박물관 소장

궁내에 자리한 서양식 미술관, 덕수궁미술관

　　　　　　　덕수궁미술관은 자주 덕수궁 석조전 건물과 혼동된다. 덕수궁 석조전은 1910년에 완공되었으며, 설계는 영국인 존 R. 하딩과 로벨이 했고, 이오니아식과 로코코풍이 혼용된 특이한 기법으로 지어진 건물이다. 이에 비해 덕수궁미술관은 나카무라 요시헤이가 1938년에 미술 전시를 위해 고전주의 양식으로 설계하여 지은 것이다.

　덕수궁미술관이 완공되자 석조전은 근대 일본미술 진열관으로 사용되었으며, 덕수궁미술관은 창경궁에 있던 이왕가박물관에서 전시하던 조선 고미술품들을 옮겨 전시할 공간으로 꾸며졌다. 공간의 성격은 달랐지만, 미술 전시라는 큰 틀에서 이왕가미술관의 형태가 완성된 것이다.

덕수궁미술관(1938)
국립중앙박물관 소장

2

광복 후 이왕가미술관은 덕수궁미술관이라는 이름으로 바뀌었으며, 1973년에는 경복궁에 있던 국립현대미술관이 덕수궁미술관으로 이전해 오기도 했다. 이후 과천에 현대미술관이 생긴 후 1998년부터 국립현대미술관 분관으로 사용되고 있다.

이 밖에 나카무라 요시헤이는 조선은행 다롄 지점(1920), 펑톈奉天 지점 (1920), 군산 지점(1923) 등 한국과 관련된 건물을 여럿 짓는다. 나카무라 요시헤이의 건축물들은 일본 제국주의 침략의 전면에 서 있는 불순한 건물들로 평가받기도 하지만 한국 근대기 건축의 변화를 잘 보여주는 중요한 자료이기도 하다. 그런 면에서 우리가 관심을 가져야 할 만한 충분한 가치가 있다.

찾아보기

경성의 화가들, 근대를 거닐다—북촌편

- ⊙ 2022년 2월 28일 초판 1쇄 발행
- ⊙ 2022년 10월 11일 초판 3쇄 발행
- ⊙ 글쓴이   황정수
- ⊙ 펴낸이   박혜숙
- ⊙ 펴낸곳   도서출판 푸른역사
    우) 03044 서울시 종로구 자하문로8길 13
    전화: 02)720-8921(편집부) 02)720-8920(영업부)
    팩스: 02)720-9887
    전자우편: 2013history@naver.com
    등록: 1997년 2월 14일 제13-483호

ⓒ 황정수, 2022

ISBN   979-11-5612-215-9   04900
       979-11-5612-214-2   04900 (세트)

· 잘못 만들어진 책은 교환해드립니다.
· 일부 도판은 저작권자와 연락이 닿지 않아 우선 수록했습니다.
  추후 저작권이 확인되는 대로 절차를 거쳐 동의를 받겠습니다.